JN016050

書いて覚える韓国語単語
入門編

hana編集部 編

HANA

本書について

■「書いて覚える」ことから始める!

　外国語の学習において、「暗記」は避けて通ることができません。特に初歩の段階においては、その言葉の基本となる単語を覚える必要があります。そのためにまずお勧めするのが、「書いて覚える」ことです。

　誰もが子供の頃、漢字を覚えるために字を繰り返し書き写した経験があるはずです。ただ目で眺めるだけでは覚えられないので、手を動かして記憶を脳に焼き付けるわけです。韓国語学習の初歩段階では、まず、ハングルという未知の文字に慣れる必要があり、その最も効果的な方法は書き写しです。さらに、なじみの薄い言語の語彙は一度覚えてもすぐ忘れてしまいがちですが、暗記した内容を頭に刻み込み、忘れないようにするために「繰り返し書く」という行為が有効なのです。

　まさに本書は、韓国語の基礎レベルの単語を、直接書き込んで覚えることができる本として作られました。

■ 単語はもちろん文法項目も学べる

　本書では、ハングル検定5級レベルを中心に、基礎単語448語を取り上げています。また、これらの単語だけでなく、例文も書き写して学べるようになっています。これらの例文はほぼ5級と4級の単語と文法項目で構成されており、例文を何度も書いているうちに、今後の学習の土台となる韓国語の基礎が自然に身に付くように配慮されています。

■ 手を動かすだけでなく、耳も、口も!

　本書は、書くだけの本ではありません。小社HPよりダウンロード可能な音声には、口に出して発音練習をしやすい、正確でゆっくりとしたスピードの音声が収録されています。ただ文字を見て書き写すのではなく、単語や例文の音声を聞き、必要に応じてつぶやきながら書き写しを行うことができるので、韓国語の単語や例文を音声言語として覚えることもできます。

目　次

本書は、全448単語を、1日16単語ずつ、4週28日かけて覚える構成になっています。

3 週目

4 週目

韓国語の基礎

本書の構成 1 ▪ 1日の練習

本書では、学習者のみんながよりよく学習できるよう、紙面にさまざまな工夫がなされています。効果的に活用できるよう、ぜひ本書の構成を確認してください!

» 本文左ページ

見出し語とその情報を提示し、繰り返し書き込むための欄を設けました。

掲載番号+級

見出し語の通し番号です。見出し語がハングル検定5級レベル以外の場合だけ、「111-4」のような形でハイフンに続けて級を示しました。

見出し語

辞書に掲載されている形で提示しました。

発　音

発音はハングル (表記と発音が異なる場合のみ) と、カタカナで記しました。パッチムのうち、「ㅁ・ㄹ・ㄱ・ㅂ」で発音されるものは、カタカナでは小さい「ム・ル・ク・プ」で示しました。

意　味

メイン訳とサブ訳に分けて示しました。

漢字語・外来語

見出し語が漢字語の場合は漢字表記を、外来語の場合は原語表記を示しました。

他品詞形

見出し語の他品詞形を示しました。 形 は形容詞、名 は名詞、動 は動詞、副 は副詞を指します。

活用アイコン+活用形

見出し語が用言の場合、活用の種類と基本形とヘヨ体現在形、ヘヨ体過去形、ヘヨ体現在尊敬形の三つの活用形を提示しました。正則活用するものは 正 で、変則に活用するものは右記のアイコンで示しました。

書き写し欄

なぞり書きができるよう、サンプルを一つ薄く記しました。用言は、すぐ使えるよう活用形 (ヘヨ体現在形) で提示しました。

音声番号

小社HPよりダウンロード可能な音声ファイルの番号を示しました。

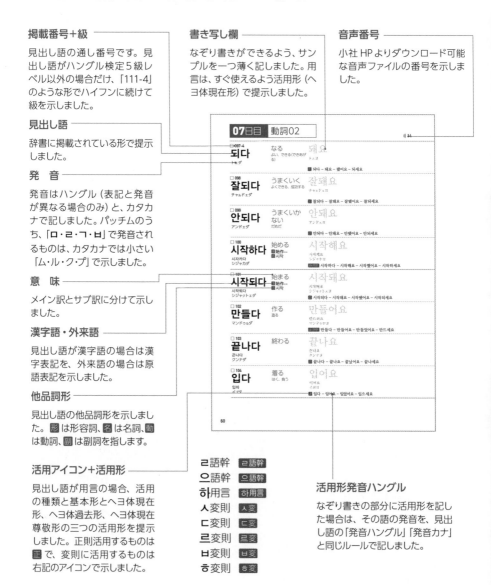

ㄹ語幹　ㄹ語幹
ㅇ語幹　ㅇ語幹
하用言　하用言
ㅅ変則　ㅅ変
ㄷ変則　ㄷ変
ㄹ変則　ㄹ変
ㅂ変則　ㅂ変
ㅎ変則　ㅎ変

活用形発音ハングル

なぞり書きの部分に活用形を記した場合は、その語の発音を、見出し語の「発音ハングル」「発音カナ」と同じルールで記しました。

6

» 本文右ページ

見出し語の例文を提示し、書くための欄を設けました。例文の意味や発音がより理解しやすいように、グレーの帯で区切り、それに沿って発音や意味を示しました。

※原則として「語節」を単位にしていますが、複数の語節を、意味のまとまりとして一つに考える場合、一度に発音した方がよい場合、逐語訳ができずまとめて意訳した場合などは、2語節以上にまたがって帯を敷きました。

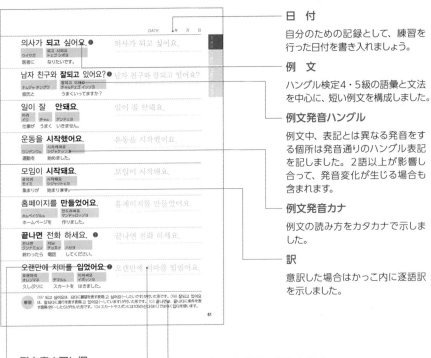

日 付

自分のための記録として、練習を行った日付を書き入れましょう。

例 文

ハングル検定4・5級の語彙と文法を中心に、短い例文を構成しました。

例文発音ハングル

例文中、表記とは異なる発音をする個所は発音通りのハングル表記を記しました。2語以上が影響し合って、発音変化が生じる場合も含まれます。

例文発音カナ

例文の読み方をカタカナで示しました。

訳

意訳した場合はかっこ内に逐語訳を示しました。

例文書き写し欄

なぞり書きができるように、サンプルとして例文を薄く記しました。

注意アイコン

このマークが付いている例文などはページ下の「解説」欄に補足説明がなされています。

解 説

本文中、説明が必要な発音、文法項目、使い方について補足しています。

» もっと書いてみよう！

その日に学んだ単語をもっと書き込むためのページです。

7

» 活用を覚えよう!

その週で学んだ用言 (動詞・形容詞など) の活用を書き込むためのページです。発音は、表記と発音が異なる場合のみハングルで示し、カタカナでは示していません。

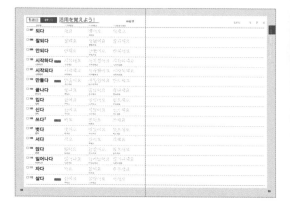

» 覚えたかチェック!

その週で学んだ単語を復習するためのページです。

» その週で学んだ文法項目

その週の例文に含まれていた助詞や語尾、表現などの文法項目を抜き出して提示しました。

本書の構成 3　▪　巻頭・巻末付録

» ハングルの書き方練習
母音、子音、パッチムの順にハング
ルを書くことを練習します。

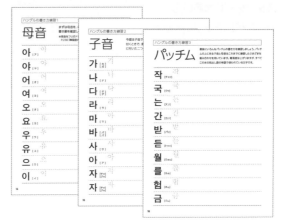

» 韓国語の基礎
入門書の内容をコンパクトにまとめた
内容です。本書で単語の練習をする
際に、分からないことを探したり、こ
れまで学んだことを復習したりするの
にご参照ください。

本書の構成 4　▪　音声

本書の音声は小社 HP（https://www.hanapress.com/download/）よりダウンロードできます。
スマホをお使いの方は右下の QR コードから該当ページに直接行くことができます。

音声 A　単語
「A」から始まるファイルは、**見出し語** ⇨ **メイン訳** ⇨ **見出し語**（用言の場合はヘヨ体現在形）の順序
で音声が流れます。1週間分の音声が終わったら、「活用を覚えよう!」の音声が流れます。

音声 B　単語＆例文
「B」から始まるファイルは、**見出し語** ⇨ **例文**の順序で音声が流れます。

※ A とトラック数を合わせるために一部空になっているトラックがあります。

どちらの音声も、初学者が音声についていけるようにゆっくり読み上げられています。

本書の使い方

スタンダードな使い方

▶ まずは見出し語から

01 まず1日分の 16 単語を、書き写します。

02 書き込み欄を埋め尽くしたら、「もっと書いてみよう」でさらに書きます。

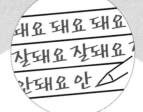

07 仕上げとして週末の「覚えたかチェック！」「1週目で学んだ文法項目」で最終確認

1週間終了！
活用形の練習も忘れずに！

\2週目に/
行く

06 「例文編」の音声を聞いて、例文を音読しましょう。

例文を
一口で言えるように練習しよう！

アドバイス！

1 手と耳と口を総動員する

単に文字を書き写すのではなく、①音を聞く→②声に出す→③つぶやきながら書き写すという具合に、手と耳と口を動員して練習するのがベストの方法です。書き写しを先に行う場合も、後で必ず音を聞き、声に出す練習をしましょう。

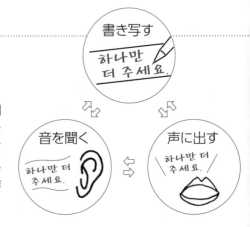

書き写す

音を聞く

声に出す

韓国語学習を始めたばかりの人は？

▶ まずは、ハングルを書くことに慣れる

学習を始めたばかりの人は、一度に無理して進まずに、まずは巻頭の「ハングルの書き方練習」でハングルを書くことに慣れましょう。ハングルにある程度慣れている人は、ここは飛ばして構いません。

慣れてきたら？

▶ 単語と例文を併行して練習する

単語だけ、例文だけ書いていくのではなく、単語と例文を併行して書いていくのも手です。1日分16単語を書いてその後に例文を書く、あるいは1単語ずつ単語と例文を交互に書いていってもよいでしょう。

03　1日目の例文は後回し。2日目に
　　進んで単語だけを覚えていきます

まずは
単語だけに
集中！

04　書き込みが終わったら、
　　「単語編」の音声を聞いて、
　　発音練習（音読）をします。

自ら
声に出すことで、
さらに定着！

05　1週目の単語を消化
　　したら、次に1週目の
　　例文を、最初から書
　　き写していきます。

2　アウトプットも鍛える

書いて覚えて終わりでは、もったいなさすぎます！ 理解した単語と例文を繰り返し声に出すことで、アウトプットが鍛えられ完全に自分の血となりと肉と化します。音読は、最低10回はしてほしい。本の余白に「正」の字を記しながら、20回、30回、いや50回を目標にしてはいかがでしょう。

3　最初はフリガナ読みでも…

最初はフリガナに頼ってもいいです。でも、なるべく早い段階でフリガナから離れるように努力して、ハングル（とハングル発音）だけを見て発音できるようになりましょう。本書にはネイティブスピーカーの正確で丁寧な音声があるので、それを口まねすることが大事です。

その他の使い方

書き込み練習をある程度行った後は、本がなくても、本書の音声を使って下記のような練習ができます。

» 聞いて覚える

「書いて覚える」ことが主になっている本書ですが、音声は聞いて覚えることにも対応しています。特に書き写す練習を終えて理解できた部分の音声を、復習を兼ねて聞くといいでしょう。

最初は本を見ながら音を聞いて、慣れてきたら本を見ずに聞くようにします。

» 声に出して覚える

繰り返し書くことと同様に、繰り返し声に出して発音することで大きな学習効果を得ることができます。

見出し語を声に出して発音するのはもちろんのこと、例文を声に出して練習してみましょう。例文は一口で言える短さで、使われている単語も文法も平易なものばかりです。また、基本的に口語体なので現実のコミュニケーションにも役立ちます。

声に出す際には、ぜひフリガナに頼らず、音声を聞いて、その抑揚をまねるように発音してください。韓国語の自然なイントネーションを身に付けるためには、音声を聞いてすぐそれを発音する方法が有効です。

さあ、それでは『書いて覚える韓国語単語』を始めてみましょう！

まずは
Warming-up!

ハングルの書き方練習

母音

まずは母音を、o (イウン) を付けた形で練習します。
発音しながら、書き込んでみましょう。

※発音をフリガナで表示しましたが、正しい発音方法については
　P.230「韓国語の基礎1　ハングルの読み方」を参照してください。

아 [ア]	아
야 [ヤ]	야
어 [オ]	어
여 [ヨ]	여
오 [オ]	오
요 [ヨ]	요
우 [ウ]	우
유 [ユ]	유
으 [ウ]	으
이 [イ]	이

애 [エ] 애

얘 [イェ] 얘

에 [エ] 에

예 [イェ] 예

와 [ワ] 와

왜 [ウェ] 왜

외 [ウェ] 외

워 [ウォ] 워

웨 [ウェ] 웨

위 [ウィ] 위

의 [ウイ] 의

子音

今度は子音です。縦型の母音に付くときと、横型の母音に付くときで、多少形が変わるため、縦型の ト と横型の ー に付いた二つの形を練習した後で、さまざまな組み合わせのハングルを書いてみましょう。

가 [カ]	가	
나 [ナ]	나	
다 [タ]	다	
라 [ラ]	라	
마 [マ]	마	
바 [パ]	바	
사 [サ]	사	
아 [ア]	아	
자 [チャ]	자	

ユ [ク]	ユ	
ㄴ [ヌ]	ㄴ	
ㄷ [トゥ]	ㄷ	
ㄹ [ル]	ㄹ	
ㅁ [ム]	ㅁ	
ㅂ [プ]	ㅂ	
ㅅ [ス]	ㅅ	
ㅇ [ウ]	ㅇ	
ㅈ [チュ]	ㅈ	

차 [チャ]		츠 [チュ]	
카 [カ]		크 [ク]	
타 [タ]		트 [トゥ]	
파 [パ]		프 [プ]	
하 [ハ]		흐 [フ]	
까 [カ]		끄 [ク]	
따 [タ]		뜨 [トゥ]	
빠 [パ]		쁘 [プ]	
싸 [サ]		쓰 [ス]	
짜 [チャ]		쯔 [チュ]	

거 [コ]		고 [コ]	
더 [ト]		노 [ノ]	
녀 [ニョ]		로 [ロ]	
리 [リ]		소 [ソ]	
비 [ピ]		코 [コ]	
끼 [キ]		포 [ポ]	
새 [セ]		또 [ト]	
채 [チェ]		효 [ヒョ]	
제 [チェ]		구 [ク]	
과 [クァ]		주 [チュ]	
귀 [クィ]		뉴 [ニュ]	
희 [ヒ]		휴 [ヒュ]	

パッチム

最後にいろんなパッチムの書き方を練習しましょう。パッチムの上に来る子音と母音はこれまでに練習したさまざまな組み合わせを用いています。難易度は上がりますが、すべてこの本の見出し語の単語で使われている文字です。

작 [チャク]

국 [クク]

는 [ヌン]

간 [カン]

받 [パッ]

든 [トゥッ]

월 [ウォル]

를 [ルル]

험 [ホム]

금 [クム]

입 [イプ]

춥 [チュプ]

맛 [マッ]

옷 [オッ]

빵 [パン]

중 [チュン]

벗 [ポッ]

늦 [ヌッ]

몇 [ミョッ]

꽃 [コッ]

밑 [ミッ]

끝 [クッ]

앞 [アプ]

높 [ノプ]

렁 [ロッ]

좋 [チョッ]

밖 [パク]

었 [オッ]

앉 [アン]

많 [マン]

닭 [タク]

짧 [チャル]

싫 [シル]

없 [オプ]

繰り返し出てくる文法項目

韓国語でよく使われる基本中の基本といえる文法項目です。本書の例文でも多く使われているので、1週目の学習を始める前に、まずは覚えましょう。助詞については P.239「韓国語の基礎 3 助詞」、文法項目については P.241「韓国語の基礎 4 用言とその活用」も併せてご参照ください。

» 助詞

이 / 가	〜が、〜に (なる)、〜では (ない)
은 / 는	〜は
를 / 을	〜を
에	〜に・で〈場所・時間〉
에게	〜に〈人・動物〉
에서	〜で、〜から〈場所〉
로 / 으로	〜に〈場所〉、〜で〈手段〉
도	〜も

» 語尾・表現など

–아요 / –어요 / –여요	〜します・です、〜しますか・ですか、〜してください、〜しましょう〈平叙・疑問・命令・勧誘〉
–았– / –었– / –였–	〜した・だった〈過去〉
–예요 / –이에요	〜です、〜ですか〈平叙・疑問〉
–시– / –으시–※	〜なさる・でいらっしゃる〈尊敬〉

※ヘヨ体現在形 (☞P.243) では、**–세요/–으세요**になります。(P.246「尊敬表現」も参照)。

1 週目

この章では、韓国語基本中の基本の単語を集めました。例文は、まだちょっと難しいかもしれませんが、後からまた見ればいいので、まずは見出し語だけでも、がんばって書いて、聞いて、口に出して発音しながら、ものにしていきましょう。

□ 001
이¹
イ
この
이

□ 002
그
ク
その
그

□ 003
저¹
チョ
あの
저

□ 004
어느
オヌ
どの
ある、とある
어느

□ 005
이것
이건
イゴッ
これ
縮 이거
이것

□ 006
그것
그걸
クゴッ
それ
縮 그거
그것

□ 007
저것
저건
チョゴッ
あれ
縮 저거
저것

□ 008
여기
ヨギ
ここ
여기

이 드라마 있어요?

イ トゥラマ | 이써요 イッソヨ
このドラマ | ありますか？

이 드라마 있어요?

그 가방은 제 것이에요. ❗

ク カバンウン | 제 꺼시에요 チェ コシエヨ
そのかばんは | 私の(もの)です。

그 가방은 제 것이에요.

저 여자 누구예요? ❗

チョ ヨジャ | 누구에요 ヌグエヨ
あの女性、 | 誰ですか？

저 여자 누구예요?

어느 길이 맞아요?

어느 기리 オヌ ギリ | 마자요 マジャヨ
どの道が | 正しいですか？

어느 길이 맞아요?

이것 좀 드세요. ❗

イゴッ | チョム | トゥセヨ
これ | ちょっと | お召し上がりください。

이것 좀 드세요.

그것을 저에게 주세요.

그거슬 クゴスル | チョエゲ | チュセヨ
それを | 私に | ください。

그것을 저에게 주세요.

저것은 뭐예요? ❗

저거슨 チョゴスン | 뭐에요 ムォエヨ
あれは | 何ですか？

저것은 뭐예요?

여기서 뭐 하세요? ❗

ヨギソ | ムォ | ハセヨ
ここで | 何 | してるんですか？

여기서 뭐 하세요?

解説 002 제は저의(私の)の縮約形。003 複合母音「ㅔ」は、～예요(～です)の場合は[ㅔ]と発音します。005 드시다は들다(食べる)の尊敬語。007 뭐は무엇(何)の縮約形。008 ☞007。

25

□ 009 **거기** コギ	そこ	거기

□ 010 **저기** チョギ	あそこ	저기

□ 011 **어디** オディ	どこ どこか	어디

□ 012 **나** ナ	私	나

□ 013 **저²❗** チョ	私	저

□ 014 **우리** ウリ	私たち	우리

□ 015 **저희❗** 저히 チョヒ	私たち	저희

□ 016 **누구** ヌグ	誰 誰か	누구

 解説　013 저는 나の謙譲語です。015 저희는 우리の謙譲語です。

우유는 **거기**에 있어요.

ウユヌン	コギエ	이써요 イッソヨ
牛乳は	そこに	あります。

우유는 거기에 있어요.

저기가 역이에요.

チョギガ	여기에요 ヨギエヨ
あそこが	駅です。

저기가 역이에요.

어디에도 없어요. ❶

オディエド	업써요 オプソヨ
どこにも	ありません。

어디에도 없어요.

나하고 놀아요.

ナハゴ	노라요 ノラヨ
私と	遊びましょう。

나하고 놀아요.

저는 모리타라고 합니다.

チョヌン	モリタラゴ	함니다 ハムニダ
私は	森田と	いいます。

저는 모리타라고 합니다.

우리 또 만나요.

ウリ	ト	マンナヨ
私たち、	また	会いましょう。

우리 또 만나요.

저희 집에 오세요. ❶

저히 チョヒ	지베 チベ	オセヨ
私たちの	家に	いらしてください。

저희 집에 오세요.

저 분은 **누구**세요? ❶

저 부는 チョ ブヌン	ヌグセヨ
あの方は	どなたですか？

저 분은 누구세요?

解説　011 없어요は、없の二重パッチムのうちㅅが어と連音化して「업서요」となり、さらに濃音化して[업써요]
と発音されます。015 저희は、「ㅢ」が語中で[ㅣ]になるため、[저히]と発音されます。016 분(方)は人(人)
の尊敬語です。누구세요は、누구にヘヨ体(☞P.246)の尊敬形세요(~でいらっしゃる)が付いた形。

意 味

001	**이**[1]	이
002	**그**	그
003	**저**[1]	저
004	**어느**	어느
005	**이것**	이것
006	**그것**	그것
007	**저것**	저것
008	**여기**	여기
009	**거기**	거기
010	**저기**	저기
011	**어디**	어디
012	**나**	나
013	**저**[2]	저
014	**우리**	우리
015	**저희**	저희
016	**누구**	누구

□ 017
일¹
イル

1
漢 一

일

□ 018
이²
イ

2
漢 二

이

□ 019
삼
サム

3
漢 三

삼

□ 020
사
サ

4
漢 四

사

□ 021
오
オ

5
漢 五

오

□ 022
육
ユク

6
漢 六

육

□ 023
칠
チル

7
漢 七

칠

□ 024
팔¹
パル

8
漢 八

팔

1週目
2週目
3週目
4週目

일 년이 지났어요. ❶　　　　일 년이 지났어요.

일 려니 イル リョニ	지나써요 チナッソヨ
１年が	過ぎました。

갈비 **이** 인분 주세요　　　　갈비 이 인분 주세요.

カルビ	イ インブン	チュセヨ
カルビ	２人前(分)	ください。

삼 일 동안 놀았어요.　　　　삼 일 동안 놀았어요.

사 밀 똥안 サ ミル トンアン	노라써요 ノラッソヨ
３日間、	遊びました。

사 층으로 가세요.　　　　사 층으로 가세요.

サ チュンウロ	カセヨ
４階に	行ってください。

오 개월 전에 시작했어요. ❶　오 개월 전에 시작했어요.

오 개월 저네 オ ゲウォル ジョネ	시자캐써요 シジャケッソヨ
５カ月前に	始めました。

초등학교 **육** 학년이에요. ❶　초등학교 육 학년이에요.

초등학꾜 チョドゥンハクキョ	유 캉녀니에요 ユ カンニョニエヨ
小学校	６年生です。

매일 **칠** 킬로 달려요. ❶　　　매일 칠 킬로 달려요.

メイル	チル キルロ	タルリョヨ
毎日	７キロ	走ります。

팔천 원에 팔아요.　　　　팔천 원에 팔아요.

팔처 눠네 パルチョ ヌォネ	파라요 パラヨ
8000ウォンで	売っています(売ります)。

解説　017 漢字語の助数詞には漢数詞を使います(년=年は漢字語)。일 년は、ㄹの次にㄴが来て流音化が起こり[일 련]と発音されます。021 시작했어요は[시자캐써요]と発音(激音化)。022 육 학년は、激音化と鼻音化が起こり[유 캉년]と発音されます。023 外来語の助数詞には通常漢数詞を使います。

□ 025
구
ク

9
漢九

구

□ 026
십
シプ

10
漢十

십

□ 027
백
ペク

100
漢百

백

□ 028
천
チョン

1000
漢千

천

□ 029
만
マン

万
漢万

만

□ 030
년
ニョン

年
漢年

년

□ 031
주
チュ

週
漢週

주

□ 032
일 2
イル

日
漢日

일

제 생일은 **구**월이에요.

제	생이른	구워리에요
チェ	センイルン	クウォリエヨ
私の	誕生日は	9月です。

제 생일은 구월이에요.

십 분 전에 왔어요.

십 뿐 저네	와써요
シプ プン ジョネ	ワッソヨ
10分前に	来ました。

십 분 전에 왔어요.

백 일 지났어요.

배 길	지나써요
ペ ギル	チナッソヨ
100日	過ぎました。

백 일 지났어요.

천 명이 모였어요. ❶

	모여써요
チョン ミョンイ	モヨッソヨ
1000人が	集まりました。

천 명이 모였어요.

만 원에 샀어요. ❶

마 눠네	사써요
マ ヌォネ	サッソヨ
1万ウォンで	買いました。

만 원에 샀어요.

몇 **년** 간 배우셨어요? ❶

면 년 간	배우셔써요
ミョン ニョン ガン	ペウショッソヨ
何年間	勉強されましたか？

몇 년 간 배우셨어요?

사 **주**에 한 번.

사 주에	한 번
サ ジュエ	ハン ボン
4週間に	1回。

사 주에 한 번.

오늘은 사월 오 **일**이에요.

오느른	사월	오 이리에요
オヌルン	サウォル	オ イリエヨ
今日は	4月	5日です。

오늘은 사월 오 일이에요.

解説　028 助数詞の명（〜名、〜人）には固有数詞を使いますが、大きい数の場合は漢数詞も付きます。029 韓国語では「1万」を「일만」とは言わず「만」だけで表します。助数詞の원（〜ウォン）には漢数詞を使います。030 몇 년は[면 년]と発音（鼻音化）。

33

意味

017	**일**¹	일
018	**이**²	이
019	**삼**	삼
020	**사**	사
021	**오**	오
022	**육**	육
023	**칠**	칠
024	**팔**¹	팔
025	**구**	구
026	**십**	십
027	**백**	백
028	**천**	천
029	**만**	만
030	**년**	년
031	**주**	주
032	**일**²	일

□ 033 **하나**❗ ハナ	一つ	하나
□ 034 **둘**❗ トゥル	二つ	둘
□ 035 **셋**❗ 섿 セッ	三つ	셋
□ 036 **넷**❗ 넫 ネッ	四つ	넷
□ 037 **다섯** 다섣 タソッ	五つ	다섯
□ 038 **여섯** 여섣 ヨソッ	六つ	여섯
□ 039 **일곱** イルゴプ	七つ	일곱
□ 040 **여덟** 여덜 ヨドル	八つ	여덟

解説　033 助数詞が付く場合や名詞を修飾する場合은한になります。034 助数詞が付く場合や名詞を修飾する場合은둘になります。035 助数詞が付く場合や名詞を修飾する場合은세になります。036 助数詞が付く場合や名詞を修飾する場合은네になります。

하나만 더 주세요.

하나만 더 주세요.

ハナマント | チュセヨ
もう一つだけ | ください。

둘 다 좋아요.

둘 다 좋아요.

トゥル ダ | 조아요 チョアヨ
二つとも | いいです。

아들만 셋이에요.

아들만 셋이에요.

アドゥルマン | 세시에요 セシエヨ
息子だけ | 3人です。

네 명 중 한 명.

네 명 중 한 명.

ネ ミョン ジュン | ハン ミョン
4人のうち、 | 1人。

귤 다섯 개에 천 원. ❶

귤 다섯 개에 천 원.

キュル | 다섯 깨에 タソッ ケエ | 처 눤 チョ ヌォン
みかん | 5個で | 1000ウォン。

여섯 마리 고양이. ❶

여섯 마리 고양이.

여선 마리 ヨソン マリ | コヤンイ
6匹の | 猫。

일곱 명 있었어요. ❶

일곱 명 있었어요.

일곱 명 イルゴㇺ ミョン | 이써써요 イッソッソヨ
7人 | いました。

딸은 여덟 살이에요. ❶

딸은 여덟 살이에요.

따른 タルン | 여덜 싸리에요 ヨドゥル サリエヨ
娘は | 8歳です。

解説 037 助数詞の개(〜個)には固有数詞を使います。038 助数詞の마리(〜匹)には固有数詞を使います。여섯 마리は[여선 마리]と発音（鼻音化）。039 助数詞の명(〜名、〜人)には固有数詞を使います。일곱 명は[일곰 명]と発音（鼻音化）。040 助数詞の살(〜歳)には固有数詞を使います。

37

□ 041 **아홉** アホプ	九つ	아홉
□ 042 **열** ヨル	十	열
□ 043 **스물❶** スムル	二十	스물
□ 044-4 **서른** ソルン	三十	서른
□ 045 **개¹** ケ	〜個 漢個	개
□ 046 **명** ミョン	〜人 〜名 漢名	명
□ 047 **번** ポン	〜回 〜番、〜番目、〜度 漢番	번
□ 048 **달** タル	月	달

解説　043 助数詞が付く場合や名詞を修飾する場合はス무になります。

38

아홉 시까지 연락 주세요. ❶

아홉 씨까지	열락	쭈세요
アホプ シッカジ	ヨルラク	チュセヨ
9時までに	連絡	ください。

아홉 시까지 연락 주세요.

열 시간이나 잤어요.

열 씨가니나	자써요
ヨル シガニナ	チャッソヨ
10時間も	寝ました。

열 시간이나 잤어요.

스물에 엄마가 되었어요. ❶

스무레		되어써요
スムレ	オムマガ	トェオッソヨ
20で	母に	なりました。

스물에 엄마가 되었어요.

저도 벌써 서른이에요.

チョド	ポルソ	서르니에요 ソルニエヨ
私も	もう	30(歳)です。

저도 벌써 서른이에요.

세 개에 얼마예요? ❶

セ ゲエ	얼마에요 オルマエヨ
3個で	いくらですか?

세 개에 얼마예요?

세 명까지 돼요.

セ ミョンカジ	トェヨ
3人まで	大丈夫です。

세 명까지 돼요.

부산에는 두 번 가 봤어요. ❶

부사네는	두 번	가 봐써요
プサネヌン	トゥ ボン	カ ボァッソヨ
釜山には	2回	行ってみました。

부산에는 두 번 가 봤어요.

두 달 걸렸어요.

トゥ ダル	걸려써요 コルリョッソヨ
ふた月	かかりました。

두 달 걸렸어요.

解説　041 助数詞の시(〜時)には固有数詞を使います。043「〜になる」は韓国語では〜이/가 되다といいます。助詞の使い方が違うので要注意です。045 助数詞の개(〜個)には固有数詞を使います。047 가 봤어요は、가다(行く)に経験を表す表現-아 봤어요(〜してみました、〜したことがあります)が付いた形です。

意 味

033	**하나**	하나
034	**둘**	둘
035	**셋**	셋
036	**넷**	넷
037	**다섯**	다섯
038	**여섯**	여섯
039	**일곱**	일곱
040	**여덟**	여덟
041	**아홉**	아홉
042	**열**	열
043	**스물**	스물
044	**서른**	서른
045	**–개**[1]	–개
046	**–명**	–명
047	**–번**	–번
048	**달**	달

□ 049
봄
春 | 봄
ポム

□ 050
여름
夏 | 여름
ヨルム

□ 051
가을
秋 | 가을
カウル

□ 052
겨울
冬 | 겨울
キョウル

□ 053
일월
1月
漢一月 | 일월
이뤌
イルォル

□ 054
이월
2月
漢二月 | 이월
イウォル

□ 055
삼월
3月
漢三月 | 삼월
사뭘
サムォル

□ 056
사월
4月
漢四月 | 사월
サウォル

오늘은 봄 날씨 같아요.

오늘은 봄 날씨 같아요.

오느른 오ヌルン	봄 ポム	날씨 ナルシ	가타요 カタヨ
今日は	春の	天気	みたいです。

여름에는 수박이 최고예요.

여름에는 수박이 최고예요.

여르메는 ヨルメヌン	수바기 スバギ	최고예요 チュェゴエヨ
夏は	スイカが	最高です。

가을에는 많이 먹어요.

가을에는 많이 먹어요.

가으레는 カウレヌン	마니 マニ	머거요 モゴヨ
秋には	たくさん	食べます。

이번 **겨울**은 추워요.

이번 겨울은 추워요.

이본 イボン	겨우른 キョウルン	추워요 チュウォヨ
今年の	冬は	寒いです。

일월부터 여기서 일했어요.

일월부터 여기서 일했어요.

이뤌부터 イルォルブト	여기서 ヨギソ	이래써요 イレッソヨ
1月から	ここで	働いています。

이월은 짧아요.

이월은 짧아요.

이워른 イウォルン	짤바요 チャルバヨ
2月は	短いです。

삼월 날씨는 아직 추워요.

삼월 날씨는 아직 추워요.

사뭘 サムォル	날시누ン ナルシヌン	아직 アジク	추워요 チュウォヨ
3月の	天気は	まだ	寒いです。

사월에 새 학기가 시작돼요.

사월에 새 학기가 시작돼요.

사워레 サウォレ	새 학끼가 セ ハクキガ	시작돼요 シジャクトェヨ
4月に	新学期が	始まります。

解説　050 ☞016。053 일했어요は直訳すると「働きました」。일했어요は ㅎ が弱音化して[이래써요]と発音されます。054 짧아요は、짧の二重パッチムのうち ㅂ が아と連音化して、[짤바요]と発音されます。

43

□ 057
오월
オウォル
5月
漢五月

오월

□ 058
유월
ユウォル
6月
漢六月

유월

□ 059
칠월
치뤌
チルォル
7月
漢七月

칠월

□ 060
팔월
파뤌
パルォル
8月
漢八月

팔월

□ 061
구월
クウォル
9月
漢九月

구월

□ 062
시월
シウォル
10月
漢十月

시월

□ 063
십일월
시비뤌
シビルォル
11月
漢十一月

십일월

□ 064
십이월
시비월
シビウォル
12月
漢十二月

십이월

오월에 공연이 있어요.

오워레	공여니	이써요
オウォレ	コンヨニ	イッソヨ
5月に	公演が	あります。

오월에 공연이 있어요.

유월에 결혼해요. ❶

유워레	겨로내요
ユウォレ	キョロネヨ
6月に	結婚します。

유월에 결혼해요.

칠월에 새 차를 샀어요.

치뤄레		사써요
チルォレ	セ チャルル	サッソヨ
7月に	新車を	買いました。

칠월에 새 차를 샀어요.

팔월에 서울에 가요.

파뤄레	서우레	가요
パルォレ	ソウレ	カヨ
8月に	ソウルに	行きます。

팔월에 서울에 가요.

구월에 만나요.

구워레	만나요
クウォレ	マンナヨ
9月に	会いましょう。

구월에 만나요.

시월은 휴일이 많아요. ❶

시워른	휴이리	마나요
シウォルン	ヒュイリ	マナヨ
10月は	休日が	多いです。

시월은 휴일이 많아요.

제　생일은 십일월이에요. ❶

챼	생이른	시비뤄리에요
チェ	センイルン	シビルォリエヨ
私の	誕生日は	11月です。

제 생일은 십일월이에요.

벌써 십이월이에요.

폴소	시비워리에요
ポルソ	シビウォリエヨ
もう	12月です。

벌써 십이월이에요.

解説　058 결혼해요는ㅎが弱音化して[겨로내요]と発音されます。062 많아요は[마나요]と発音。ㅎを含む二重パッチムは次に母音が来るときㅎを無視して連音化します。063 제は저의の縮約形。

意 味

049	봄	봄
050	여름	여름
051	가을	가을
052	겨울	겨울
053	일월	일월
054	이월	이월
055	삼월	삼월
056	사월	사월
057	오월	오월
058	유월	유월
059	칠월	칠월
060	팔월	팔월
061	구월	구월
062	시월	시월
063	십일월	십일월
064	십이월	십이월

□ 065
아침
アチム

朝
朝食

아침

□ 066
낮
낟
ナッ

昼

낮

□ 067
저녁
チョニョク

夕方
夕食

저녁

□ 068
밤
パム

夜

밤

□ 069
오전
オジョン

午前
漢午前

오전

□ 070
오후
オフ

午後
漢午後

오후

□ 071
어제
オジェ

昨日

어제

□ 072
오늘
オヌル

今日

오늘

아침에 우유를 마셔요.

아치메 アチメ	우유를 ウユルル	마셔요 マショヨ
朝に	牛乳を	飲みます。

아침에 우유를 마셔요.

낮부터 술을 마셔요.

낟뿌터 ナップト	수를 スルル	마셔요 マショヨ
昼から	酒を	飲みます。

낮부터 술을 마셔요.

오늘 저녁에 봐요.

오늘 オヌル	저녀게 チョニョゲ	봐요 ポァヨ
今日の	夕方に	会いましょう。

오늘 저녁에 봐요.

밤에도 일해요. ❶

바메도 パメド	이래요 イレヨ
夜にも	仕事します。

밤에도 일해요.

내일 오전에 전화 주세요. ❶

내일 ネイル	오저네 オジョネ	저놔 チョヌァ	주세요 チュセヨ
明日の	午前に	電話	ください。

내일 오전에 전화 주세요.

오후 두 시에 도착해요. ❶

오후 オフ	두 시에 トゥ シエ	도차캐요 トチャケヨ
午後	2時に	到着します。

오후 두 시에 도착해요.

어제 뉴스 봤어요?

어제 オジェ	뉴스 ニュス	봐써요 ポァッソヨ
昨日の	ニュース	見ましたか？

어제 뉴스 봤어요?

오늘 보러 가요. ❶

오늘 オヌル	보러 가요 ポロ ガヨ
今日	見に行きます。

오늘 보러 가요.

解説 068 밤에도の에도(〜には)は、助詞の에(〜に)と도(〜も)が一緒に使われた形です。일해요はㅎが弱音化して[이래요]と発音されます。069 전화は[저놔]と発音。070 도착해요は[도차캐요]と発音（激音化）。072 보러は보다(見る)に移動の目的を表す語尾-러(〜しに)が付いた形です。

□ 073
내일
ネイル

明日
漢来日

내일

□ 074
주말
チュマル

週末
漢週末

주말

□ 075
지난주
チナンジュ

先週
漢---週

지난주

□ 076
지난달
チナンダル

先月

지난달

□ 077
올해
오래
オレ

今年

올해

□ 078
내년
ネニョン

来年
漢来年

내년

□ 079
작년
장년
チャンニョン

昨年
去年
漢昨年

작년

□ 080
시간
シガン

時間
時、時刻
漢時間

시간

내일은 언니 생일이에요.

내이른
ネイルン

オンニ

생이리에요
センイリエヨ

明日は　　姉の　　誕生日です。

내일은 언니 생일이에요.

주말에 뭐 하세요? ❶

주마레
チュマレ

ムォ

ハセヨ

週末に　何　なさいますか？

주말에 뭐 하세요?

지난주는 날씨가 나빴어요. ❶

チナンジュヌン

ナルシガ

나빠써요
ナッパッソヨ

先週は　　天気が　　悪かったです。

지난주는 날씨가 나빴어요.

지난달에 한국에 갔어요.

지난다레
チナンダレ

한구게
ハングゲ

가써요
カッソヨ

先月、　　韓国へ　　行きました。

지난달에 한국에 갔어요.

올해 스무 살이 됐어요. ❶

오래
オレ

스무 사리
スム サリ

돼써요
トェッソヨ

今年　20歳に　　なりました。

올해 스무 살이 됐어요.

내년에 서른 살이 돼요. ❶

내녀네
ネニョネ

서른 사리
ソルン サリ

トェヨ

来年　30歳に　　なります。

내년에 서른 살이 돼요.

올해는 **작년**보다 더워요.

오래는
オレヌン

장년보다
チャンニョンボダ

トゥオヨ

今年は　去年より　暑いです。

올해는 작년보다 더워요.

시간이 빨리 가요.

시가니
シガニ

パルリ

カヨ

時間が　速く　流れます。

시간이 빨리 가요.

解説　074 ☞007。075 으語幹用言の나쁘다(悪い)は、-았어요が付くと語幹の母音ㅡが落ちて나빴어요と活用します。077 助数詞の살(～歳)には固有数詞を使います。☞040。078 ☞040。

51

意味

065	아침	아침		
066	낮	낮		
067	저녁	저녁		
068	밤	밤		
069	오전	오전		
070	오후	오후		
071	어제	어제		
072	오늘	오늘		
073	내일	내일		
074	주말	주말		
075	지난주	지난주		
076	지난달	지난달		
077	올해	올해		
078	내년	내년		
079	작년	작년		
080	시간	시간		

06日目 動詞01

)) 12

□ 081 **있다❗**
있따 / イッタ
ある／いる
있어요
이써요 / イッソヨ
正 있다 – 있어요 – 있었어요 – 있으세요

□ 082 **없다❗**
업따 / オプタ
ない／いない
없어요
업써요 / オプソヨ
正 없다 – 없어요 – 없었어요 – 없으세요

□ 083 **계시다❗**
게시다 / ケシダ
いらっしゃる
계세요
게세요 / ケセヨ
正 계시다 – 계세요 – 계셨어요 ––

□ 084 **하다**
ハダ
する
〜と言う、〜と思う
해요
ヘヨ
하用言 하다 – 해요 – 했어요 – 하세요

□ 085 **잘하다**
자라다 / チャラダ
上手だ
うまい
잘해요
자래요 / チャレヨ
하用言 잘하다 – 잘해요 – 잘했어요 – 잘하세요

□ 086 **못하다**
모타다 / モタダ
できない
못해요
모태요 / モテヨ
하用言 못하다 – 못해요 – 못했어요 – 못하세요

□ 087 **알다**
アルダ
知る
分かる
알아요
아라요 / アラヨ
ㄹ語幹 알다 – 알아요 – 알았어요 – 아세요

□ 088 **모르다**
モルダ
知らない
分からない
몰라요
モルラヨ
ㄹ変 모르다 – 몰라요 – 몰랐어요 – 모르세요

解説 081-083 品詞としては存在詞ですが、便宜上この項に含めました。

54

누나는 한국에 **있어요.**

누나는	한국에	있어요
한구게	이써요	
ヌナヌン	ハングゲ	イッソヨ
姉は	韓国に	います。

누나는 한국에 있어요.

책상 위에 **없어요.** ❶

책상 위에	없어요
책쌍 위에	업써요
チェクサン ウィエ	オプソヨ
机の上に	ありません。

책상 위에 없어요.

아무도 안 **계세요?** ❶

아무도	안 계세요
	안 게세요
アムド	アン ゲセヨ
誰も	いらっしゃいませんか？

아무도 안 계세요?

지금 뭐 **하세요?** ❶

지금	뭐	하세요
チグム	ムォ	ハセヨ
今	何を	していますか？

지금 뭐 하세요?

한국어도 영어도 **잘해요.**

한국어도	영어도	잘해요
한구거도		자래요
ハングゴド	ヨンオド	チャレヨ
韓国語も	英語も	上手です。

한국어도 영어도 잘해요.

아들은 공부를 **못해요.**

아들은	공부를	못해요
아드른		모태요
アドゥルン	コンブルル	モテヨ
息子は	勉強が	できません。

아들은 공부를 못해요.

처음 **알았어요.**

처음	알았어요
	아라써요
チョウム	アラッソヨ
初めて	知りました。

처음 알았어요.

저는 아무것도 **몰라요.**

저는	아무것도	몰라요
	아무걷또	
チョヌン	アムゴット	モルラヨ
私は	何も	知りません。

저는 아무것도 몰라요.

解説 082 없어요は、없の二重パッチムのうちㅅが어と連音化して「업서요」となり、さらに濃音化して[업써요]と発音されます。083 계세요は있어요（います）の尊敬語です。複合母音「ㅖ」は、ㅇ以外の子音が付くと[ㅔ]と発音されるので[게세요]と発音されます。084 ☞007。

☐ 089
배우다
ペウダ

習う
学ぶ

배워요
ベウォヨ

正 배우다 – 배워요 – 배웠어요 – 배우세요

☐ 090
가르치다
カルチダ

教える

가르쳐요
가르쳐요
カルチョヨ

正 가르치다 – 가르쳐요 – 가르쳤어요 – 가르치세요

☐ 091
잊다
읻따
イッタ

忘れる

잊어요
이저요
イジョヨ

正 잊다 – 잊어요 – 잊었어요 – 잊으세요

☐ 092
생각하다
생가카다
センガカダ

考える
名 생각

생각해요
생가캐요
センガケヨ

하用言 생각하다 – 생각해요 – 생각했어요 – 생각하세요

☐ 093
말하다
마라다
マラダ

言う
話す
名 말

말해요
마래요
マレヨ

하用言 말하다 – 말해요 – 말했어요 – 말하세요

☐ 094-4
듣다
듣따
トゥッタ

聞く

들어요
드러요
トゥロヨ

ㄷ変 듣다 – 들어요 – 들었어요 – 들으세요

☐ 095
읽다
익따
イクタ

読む

읽어요
일거요
イルゴヨ

正 읽다 – 읽어요 – 읽었어요 – 읽으세요

☐ 096
쓰다¹
スダ

書く

써요
ソヨ

으語幹 쓰다 – 써요 – 썼어요 – 쓰세요

할머니께 요리를 **배워요**.

ハルモニッケ / ヨリルル / ペウォヨ
祖母から / 料理を / 習います。

할머니께 요리를 배워요.

연락처 **가르쳐** 주세요. ❗

열락처 ヨルラクチョ / 가르쳐 주세요 カルチョ ジュセヨ
連絡先 / 教えてください。

연락처 가르쳐 주세요.

그 남자를 못 **잊어요**. ❗

クナムジャルル / 몬 니저요 モン ニジョヨ
彼(その男)を / 忘れられません。

그 남자를 못 잊어요.

저도 그렇게 **생각해요**. ❗

チョド / 그러케 クロケ / 생가캐요 センガケヨ
私も / そう / 思います。

저도 그렇게 생각해요.

의견을 **말하세요**.

의겨늘 ウイギョヌル / 마라세요 マラセヨ
意見を / 言ってください。

의견을 말하세요.

차 안에서 라디오를 **들어요**.

차 아네서 チャ アネソ / ラディオルル / 드러요 トゥロヨ
車の中で / ラジオを / 聞きます。

차 안에서 라디오를 들어요.

소설을 **읽고** 있어요.

소서를 ソソルル / 일꼬 이써요 イルコ イッソヨ
小説を / 読んでいます。

소설을 읽고 있어요.

친구에게 메일을 **써요**.

チングエゲ / 메이를 メイルル / ソヨ
友達に / メールを / 書きます。

친구에게 메일을 써요.

解説　090 연락처は、流音化が起こり[열락처]と発音されます。가르쳐 주세요は、가르치다に依頼の表現-어 주세요(〜してください)が付いた形です。091 못 잊어요は、ㄴ挿入と鼻音化が起こり[몬 니저요]と発音されます。092 그렇게と생각해요はそれぞれ[그러케][생가캐요]と発音(激音化)。

57

意 味

081 **있다**	있어요
082 **없다**	없어요
083 **계시다**	계세요
084 **하다**	해요
085 **잘하다**	잘해요
086 **못하다**	못해요
087 **알다**	알아요
088 **모르다**	몰라요
089 **배우다**	배워요
090 **가르치다**	가르쳐요
091 **잊다**	잊어요
092 **생각하다**	생각해요
093 **말하다**	말해요
094 **듣다**	들어요
095 **읽다**	읽어요
096 **쓰다**¹	써요

□ 097-4 **되다** トェダ	なる よい、できる（できあがる）	**돼요** トェヨ

正 되다 – 돼요 – 됐어요 – 되세요

□ 098 **잘되다** チャルドェダ	うまくいく よくできる、成功する	**잘돼요** チャルドェヨ

正 잘되다 – 잘돼요 – 잘됐어요 – 잘되세요

□ 099 **안되다** アンドェダ	うまくいかない だめだ	**안돼요** アンドェヨ

正 안되다 – 안돼요 – 안됐어요 – 안되세요

□ 100 **시작하다** 시자카다 シジャカダ	始める 漢 始作-- 名 시작	**시작해요** 시자캐요 シジャケヨ

하用言 시작하다 – 시작해요 – 시작했어요 – 시작하세요

□ 101 **시작되다** 시작뙤다 シジャクトェダ	始まる 漢 始作-- 名 시작	**시작돼요** 시작뙈요 シジャクトェヨ

正 시작되다 – 시작돼요 – 시작됐어요 – 시작되세요

□ 102 **만들다** マンドゥルダ	作る 造る	**만들어요** 만드러요 マンドゥロヨ

ㄹ語幹 만들다 – 만들어요 – 만들었어요 – 만드세요

□ 103 **끝나다** 끈나다 クンナダ	終わる	**끝나요** 끈나요 クンナヨ

正 끝나다 – 끝나요 – 끝났어요 – 끝나세요

□ 104 **입다** 입따 イプタ	着る はく、負う	**입어요** 이버요 イボヨ

正 입다 – 입어요 – 입었어요 – 입으세요

의사가 **되고** 싶어요.

의사가 되고 싶어요.

ウイサガ　　되고 시퍼요 / トェゴ シポヨ
医者に　　　なりたいです。

남자 친구와 **잘되고** 있어요?

남자 친구와 잘되고 있어요?

ナムジャ チングワ　　잘되고 이써요 / チャルドェゴ イッソヨ
彼氏と　　　　　　　うまくいってますか?

일이 잘 **안돼요.**

일이 잘 안돼요.

이리 / イリ　　チャル　　안돼요 / アンドェヨ
仕事が　　うまく　いきません。

운동을 **시작했어요.**

운동을 시작했어요.

ウンドンウル　　시자캐써요 / シジャケッソヨ
運動を　　　　始めました。

모임이 **시작돼요.**

모임이 시작돼요.

모이미 / モイミ　　시작돼요 / シジャクトェヨ
集まりが　　　始まります。

홈페이지를 **만들었어요.**

홈페이지를 만들었어요.

ホムペイジルル　　만드러써요 / マンドゥロッソヨ
ホームページを　　作りました。

끝나면 전화하세요.

끝나면 전화하세요.

끈나면 / クンナミョン　　저놔하세요 / チョヌァハセヨ
終わったら　　　　　電話してください。

오랜만에 치마를 **입었어요.**

오랜만에 치마를 입었어요.

오랜마네 / オレンマネ　　チマルル　　이버써요 / イボッソヨ
久しぶりに　　　　スカートを　はきました。

解説　097 되고 싶어요는, 되다에 願望を表す表現-고 싶어요(~したいです)が付いた形です。098 잘되고 있어요는, 잘되다에 進行を表す表現-고 있어요(~しています)が付いた形です。103 끝나면은, 끝나다에 条件を表す語尾-면(~したら)が付いた形です。104 スカートやスボンには105の신다(はく)ではなく입다を使います。

61

□ 105 **신다**	はく	신어요
신따 シンタ		시너요 シノヨ 正 신다 – 신어요 – 신었어요 – 신으세요

□ 106 **쓰다²**	かぶる (眼鏡を)かける、ぬれ ぎぬを着る	써요
スダ		ソヨ 으語幹 쓰다 – 써요 – 썼어요 – 쓰세요

□ 107 **벗다**	脱ぐ	벗어요
벋따 ポッタ		버서요 ポソヨ 正 벗다 – 벗어요 – 벗었어요 – 벗으세요

□ 108-4 **서다**	立つ 止まる、(建物などが) 建つ	서요
ソダ		ソヨ 正 서다 – 서요 – 섰어요 – 서세요

□ 109 **앉다**	座る	앉아요
안따 アンタ		안자요 アンジャヨ 正 앉다 – 앉아요 – 앉았어요 – 앉으세요

□ 110 **일어나다**	起きる 生じる、起こる	일어나요
이러나다 イロナダ		이러나요 イロナヨ 正 일어나다 – 일어나요 – 일어났어요 – 일어나세요

□ 111 **자다**	寝る	자요
チャダ		チャヨ 正 자다 – 자요 – 잤어요 – 주무세요

□ 112 **살다**	住む 生きる、暮らす	살아요
サルダ		사라요 サラヨ ㄹ語幹 살다 – 살아요 – 살았어요 – 사세요

신발을 **신어요**.

신바를
シンバルル
靴を

시너요
シノヨ
はいてください。

신발을 신어요.

모자를 **쓰세요**.

모자를ルル
モジャルル
帽子を

스세요
スセヨ
かぶってください。

모자를 쓰세요.

화장실에서 바지를 **벗어요**.

화장시레서
ファジャンシレソ
トイレで

바지를
パジルル
ズボンを

버서요
ポソヨ
脱ぎます。

화장실에서 바지를 벗어요.

차례로 **서세요**. ❗

차례로
チャレロ
順に

서세요
ソセヨ
立ってください。

차례로 서세요.

제 옆에 **앉으세요**. ❗

제 여페
チェ ヨペ
私の隣に

안즈세요
アンジュセヨ
お座りください。

제 옆에 앉으세요.

몇 시에 **일어나세요**? ❗

멷 씨에
ミョッ シエ
何時に

이러나세요
イロナセヨ
起きますか？

몇 시에 일어나세요?

열두 시에 **자요**.

열뚜 시에
ヨルトゥ シエ
12時に

자요
チャヨ
寝ます。

열두 시에 자요.

아파트에 **사세요**?

아파트에
アパトゥエ
マンションに

사세요
サセヨ
お住まいですか？

아파트에 사세요?

解説　108 차례로は[차레로]と発音（☞083）。109 제は저의（私の）の縮約形です。앉으세요は、앉の二重パッチムのうちㅈが으と連音化して[안즈세요]と発音されます。110 助数詞의 시（〜時）に付く数詞は固有数詞です。

意味

097 **되다**	돼요
098 **잘되다**	잘돼요
099 **안되다**	안돼요
100 **시작하다**	시작해요
101 **시작되다**	시작돼요
102 **만들다**	만들어요
103 **끝나다**	끝나요
104 **입다**	입어요
105 **신다**	신어요
106 **쓰다²**	써요
107 **벗다**	벗어요
108 **서다**	서요
109 **앉다**	앉아요
110 **일어나다**	일어나요
111 **자다**	자요
112 **살다**	살아요

基本形	ヘヨ体現在	ヘヨ体過去	ヘヨ体現在尊敬
□ 081 **있다** 읻따	있어요 이써요	있었어요 이써써요	있으세요 이쓰세요
□ 082 **없다** 업따	없어요 업써요	없었어요 업써써요	없으세요 업쓰세요
□ 083 **계시다** 게시다	계세요 게세요	계셨어요 게서써요	―
□ 084 **하다** 하用言	해요	했어요 해써요	하세요
□ 085 **잘하다** 하用言 자라다	잘해요 자래요	잘했어요 자래써요	잘하세요 자라세요
□ 086 **못하다** 하用言 모타다	못해요 모태요	못했어요 모태써요	못하세요 모타세요
□ 087 **알다** ㄹ語幹	알아요 아라요	알았어요 아라써요	아세요
□ 088 **모르다** 르変則	몰라요	몰랐어요 몰라써요	모르세요
□ 089 **배우다**	배워요	배웠어요 배워써요	배우세요
□ 090 **가르치다**	가르쳐요 가르쳐요	가르쳤어요 가르쳐써요	가르치세요
□ 091 **잊다** 읻따	잊어요 이저요	잊었어요 이저써요	잊으세요 이즈세요
□ 092 **생각하다** 하用言 생가카다	생각해요 생가캐요	생각했어요 생가캐써요	생각하세요 생가카세요
□ 093 **말하다** 하用言 마라다	말해요 마래요	말했어요 마래써요	말하세요 마라세요
□ 094 **듣다** ㄷ変則 듣따	들어요 드러요	들었어요 드러써요	들으세요 드르세요
□ 095 **읽다** 익따	읽어요 일거요	읽었어요 일거써요	읽으세요 일그세요
□ 096 **쓰다**[1] 으語幹	써요 써써요	썼어요	쓰세요

基本形	ヘヨ体現在	ヘヨ体過去	ヘヨ体現在尊敬
☐ 097 **되다**	돼요	됐어요 돼써요	되세요
☐ 098 **잘되다**	잘돼요	잘됐어요 잘돼써요	잘되세요
☐ 099 **안되다**	안돼요	안됐어요 안돼써요	안되세요
☐ 100 **시작하다** 하用言 시자카다	시작해요 시자캐요	시작했어요 시자캐써요	시작하세요 시자카세요
☐ 101 **시작되다** 시작뙤다	시작돼요 시작뙈요	시작됐어요 시작뙈써요	시작되세요 시작뙤세요
☐ 102 **만들다** ㄹ語幹	만들어요 만드러요	만들었어요 만드러써요	만드세요
☐ 103 **끝나다** 끈나다	끝나요 끈나요	끝났어요 끈나써요	끝나세요 끈나세요
☐ 104 **입다** 입따	입어요 이버요	입었어요 이버써요	입으세요 이브세요
☐ 105 **신다** 신따	신어요 시너요	신었어요 시너써요	신으세요 시느세요
☐ 106 **쓰다**² 으語幹	써요	썼어요 써써요	쓰세요
☐ 107 **벗다** 벋따	벗어요 버서요	벗었어요 버서써요	벗으세요 버스세요
☐ 108 **서다**	서요	섰어요 서써요	서세요
☐ 109 **앉다** 안따	앉아요 안자요	앉았어요 안자써요	앉으세요 안즈세요
☐ 110 **일어나다** 이러나다	일어나요 이러나요	일어났어요 이러나써요	일어나세요 이러나세요
☐ 111 **자다**	자요	잤어요 자써요	주무세요
☐ 112 **살다** ㄹ語幹	살아요 사라요	살았어요 사라써요	사세요

DATE 年 月 日

1週目

2週目 3週目 4週目

69

意味   意味

☐ 001	이¹	☐ 017	일¹
☐ 002	그	☐ 018	이²
☐ 003	저¹	☐ 019	삼
☐ 004	어느	☐ 020	사
☐ 005	이것 이건	☐ 021	오
☐ 006	그것 그건	☐ 022	육
☐ 007	저것 저건	☐ 023	칠
☐ 008	여기	☐ 024	팔¹
☐ 009	거기	☐ 025	구
☐ 010	저기	☐ 026	십
☐ 011	어디	☐ 027	백
☐ 012	나	☐ 028	천
☐ 013	저²	☐ 029	만
☐ 014	우리	☐ 030	년
☐ 015	저희 저히	☐ 031	주
☐ 016	누구	☐ 032	일²

意 味   意 味

□ 033 **하나**   □ 049 **봄**

□ 034 **둘**   □ 050 **여름**

□ 035 **셋**
      셀   □ 051 **가을**

□ 036 **넷**   □ 052 **겨울**
      넫

□ 037 **다섯**   □ 053 **일월**
      다섣   이뤌

□ 038 **여섯**   □ 054 **이월**
      여섣

□ 039 **일곱**   □ 055 **삼월**
                                            사뤌

□ 040 **여덟**   □ 056 **사월**
      여덜

□ 041 **아홉**   □ 057 **오월**

□ 042 **열**   □ 058 **유월**

□ 043 **스물**   □ 059 **칠월**
                                            치뤌

□ 044 **서른**   □ 060 **팔월**
                                            파뤌

□ 045 **–개**[1]   □ 061 **구월**

□ 046 **–명**   □ 062 **시월**

□ 047 **–번**   □ 063 **십일월**
                                            시비뤌

□ 048 **달**   □ 064 **십이월**
                                            시비월

意 味　　　　　　　　　　　　　　　　　　　　　意 味

☐ 065 **아침**

☐ 081 **있다**
잇따

☐ 066 **낮**
낟

☐ 082 **없다**
업따

☐ 067 **저녁**

☐ 083 **계시다**
게시다

☐ 068 **밤**

☐ 084 **하다**

☐ 069 **오전**

☐ 085 **잘하다**
자라다

☐ 070 **오후**

☐ 086 **못하다**
모타다

☐ 071 **어제**

☐ 087 **알다**

☐ 072 **오늘**

☐ 088 **모르다**

☐ 073 **내일**

☐ 089 **배우다**

☐ 074 **주말**

☐ 090 **가르치다**

☐ 075 **지난주**

☐ 091 **잊다**
읻따

☐ 076 **지난달**

☐ 092 **생각하다**
생가카다

☐ 077 **올해**
오래

☐ 093 **말하다**
마라다

☐ 078 **내년**

☐ 094 **듣다**
듣따

☐ 079 **작년**
장년

☐ 095 **읽다**
익따

☐ 080 **시간**

☐ 096 **쓰다**[1]

□ 097 **되다**

□ 098 **잘되다**

□ 099 **안되다**

□ 100 **시작하다**
시자카다

□ 101 **시작되다**
시작뙤다

□ 102 **만들다**

□ 103 **끝나다**
끈나다

□ 104 **입다**
입따

□ 105 **신다**
신따

□ 106 **쓰다**²

□ 107 **벗다**
벋따

□ 108 **서다**

□ 109 **앉다**
안따

□ 110 **일어나다**
이러나다

□ 111 **자다**

□ 112 **살다**

1週目で学んだ文法項目

P.22の「繰り返し出てくる文法項目」で触れたもの以外で、1週目で新たに出てきた文法項目を確認しましょう。接続する語によって形が変わるものは、それらの形を併記しました（P.239「韓国語の基礎3 助詞」、P.241「韓国語の基礎4 用言とその活用」参照）。右の列の数字は掲載番号です。

» 助詞

까지	〜まで、〜までに	041 / 046
께	〜に	089
만	〜だけ	033 / 035
보다	〜より	079
부터	〜から	053 / 066
서	〜で、〜から ☞에서の縮約形	008 / 053
과/와	〜と	098
나/이나	〜も〈数量の強調〉	042
하고	〜と	012

» 語尾・表現

-고 싶어요	〜したいです	097
-고 있어요	〜しています	095 / 098
-러/-으러	〜しに	072
-면/-으면	〜すると、〜すれば	103
-습니다/-ㅂ니다	〜します・です	013
-아/-어/-여 봤어요	〜してみました、〜したことがあります〈経験〉	047
-아/-어/-여 주세요	〜してください（ます）	090

2週目

韓国語の文字と発音には、少し慣れたでしょうか？
この章でも、基本の単語を引き続き学んでいきます。
例文も入門レベルの単語と基本的な構文で構成さ
れており、すぐ口に出して言える長さになので、チャ
レンジしてみましょう。

□ 113-4 **이런** イロン	こんな	이런
□ 114-4 **그런** クロン	そんな	그런
□ 115-4 **저런** チョロン	あんな	저런
□ 116 **어떤** オットン	どんな	어떤
□ 117-4 **아무** アム	誰(も) 誰(でも)	아무
□ 118-4 **여러** ヨロ	いろいろな いくつもの	여러
□ 119 **몇** 몇 ミョッ	何(なん) いくつの、いくつかの	몇
□ 120 **언제** オンジェ	いつ いつか	언제

※113～119は正確には冠形詞ですが、便宜上このページに含めました。

이런 기분은 처음이에요.

이런 기부는
イロン ギブヌン

처으미에요
チョウミエヨ

こんな気持ち(気分)は　初めてです。

이런 기분은 처음이에요.

그런 일이 있었어요?❗

그런 니리
クロン ニリ

이써써요
イッソッソヨ

そんなことが　ありましたか？

그런 일이 있었어요?

저런 집에서 살고 싶어요.❗

저런 지베소
チョロン ジベソ

살고 시퍼요
サルゴ シポヨ

あんな家で　暮らしてみたいです。

저런 집에서 살고 싶어요.

어떤 노래를 좋아하세요?

오떤 노레를
オットン ノレルル

조아하세요
チョアハセヨ

どんな歌が　お好きですか？

어떤 노래를 좋아하세요?

아무도 몰라요.

아무도
アムド

몰라요
モルラヨ

誰も　知りません。

아무도 몰라요.

여러 의미가 있어요.

여러
ヨロ

의미가
ウイミガ

이써요
イッソヨ

いろいろな　意味が　あります。

여러 의미가 있어요.

몇 살 때 결혼하셨어요?

멷 쌀
ミョッ サル

때
テ

겨로나셔써요
キョロナショッソヨ

何歳の　時に　結婚なさいましたか？

몇 살 때 결혼하셨어요?

언제부터 휴가예요?

언제부토
オンジェブト

휴가예요
ヒュガエヨ

いつから　休暇ですか？

언제부터 휴가예요?

解説　114 그런 일이는、그런と일の間でㄴ挿入が起こり[그런 니리]と発音されます。115 에 살다は「～に住む」、에서 살다は「～で暮らす」という意味になります。

□ 121
무엇❗
무얼
ムオッ

何(なに)
何か
[縮] 뭐

무엇

□ 122
무슨
ムスン

何の
何か(の)

무슨

□ 123-4
며칠
ミョチル

何日
幾日、(期間の)何日

며칠

□ 124
얼마
オルマ

いくら
いくらか

얼마

□ 125-4
얼마나
オルマナ

どのくらい
どんなにか、いくらぐらい

얼마나

□ 126
어떻게
어떠케
オットケ

どのように

어떻게

□ 127
왜
ウェ

なぜ
どうして

왜

□ 128
어느 것❗
어느 걸
オヌ ゴッ

どれ
[縮] 어느 거

어느 것

解説　121 무엇の縮約形뭐もよく使われます。128 単語ではなく2語ですが、ハングル検定の語彙リストに含まれているのでこの形で取り上げました。

무엇이 필요하세요?

무어시 / 피료하세요
ムオシ / ピリョハセヨ
何が / 必要ですか？

무엇이 필요하세요?

무슨 일이세요? ❗

무슨 니리세요
ムスン ニリセヨ
どうされましたか？

무슨 일이세요?

며칠 걸려요?

ミョチル / コルリョヨ
何日 / かかりますか？

며칠 걸려요?

이거 얼마예요? ❗

이고 / 얼마에요
イゴ / オルマエヨ
これ / いくらですか？

이거 얼마예요?

여기서 얼마나 멀어요?

ヨギソ / オルマナ / 머러요
ここから / どのくらい / モロヨ
遠いですか？

여기서 얼마나 멀어요?

어떻게 지내세요? ❗

어떠케
オットケ / チネセヨ
どのように / お過ごしですか？

어떻게 지내세요?

왜 그래요?

ウェ グレヨ
どうしたんですか？（なぜそうするんですか？）

왜 그래요?

어느 것이 좋아요?

어느 거시 / 조아요
オヌ ゴシ / チョアヨ
どれが / お好きですか？

어느 것이 좋아요?

解説　122 무슨 일이세요は、무슨と일이세요の間でㄴ挿入が起こり[무슨 니리세요]と発音されます。124 이거는이것の縮約形（口語形）です。126 어떻게は[어떠케]と発音（激音化）。

79

意 味

113	**이런**	이런
114	**그런**	그런
115	**저런**	저런
116	**어떤**	어떤
117	**아무**	아무
118	**여러**	여러
119	**몇**	몇
120	**언제**	언제
121	**무엇**	무엇
122	**무슨**	무슨
123	**며칠**	며칠
124	**얼마**	얼마
125	**얼마나**	얼마나
126	**어떻게**	어떻게
127	**왜**	왜
128	**어느 것**	어느 것

09日目　名詞03

□ 129
요일
ヨイル

曜日
漢 曜日

요일

□ 130
월요일
워료일
ウォリョイル

月曜日
漢 月曜日

월요일

□ 131
화요일
ファヨイル

火曜日
漢 火曜日

화요일

□ 132
수요일
スヨイル

水曜日
漢 水曜日

수요일

□ 133
목요일
모교일
モギョイル

木曜日
漢 木曜日

목요일

□ 134
금요일
그묘일
クミョイル

金曜日
漢 金曜日

금요일

□ 135
토요일
トヨイル

土曜日
漢 土曜日

토요일

□ 136
일요일
이료일
イリョイル

日曜日
漢 日曜日

일요일

오늘이 무슨 **요일**이에요?❶

오느리　　무슨 뇨이리에요
オヌリ　　ムスン ニョイリエヨ

今日は　　何曜日ですか？

오늘이 무슨 요일이에요?

도서관은 **월요일**에 쉬어요.

도서과는　　워료이레　　　쉬어요
トソグァヌン　ウォリョイレ　シュィオヨ

図書館は　　月曜日に　　休みます。

도서관은 월요일에 쉬어요.

화요일에 발표가 나요.

화요이레　　파르피요가 나요
ファヨイレ　パルピョガ ナヨ

火曜日に　　発表されます（発表が出ます）。

화요일에 발표가 나요.

수요일이 제일 바빠요.❶

수요이리　　제이르　　바빠요
スヨイリ　　チェイル　パッパヨ

水曜日が　　一番　　忙しいです。

수요일이 제일 바빠요.

목요일에 지방에 가요.

모교이레　　지방에　　가요
モギョイレ　チバンエ　カヨ

木曜日に　　地方に　　行きます。

목요일에 지방에 가요.

금요일 저녁이 가장 좋아요.

그묘일　　저녀기　　　　　조아요
クミョイル　チョニョギ　カジャン　チョアヨ

金曜日の　　夕方が　　一番　好きです。

금요일 저녁이 가장 좋아요.

토요일에 약속 있어요?

토요이레　　약쏙　　이써요
トヨイレ　　ヤクソク　イッソヨ

土曜日に　　約束が　あ, りますか？

토요일에 약속 있어요?

일요일은 집에서 쉬어요.

이료이른　　지베서　　쉬어요
イリョイルン　チベソ　シュィオヨ

日曜日は　　家で　　休みます。

일요일은 집에서 쉬어요.

 解説　129 무슨 요일이에요는、무슨と요일の間でㄴ挿入が起こり[무슨 뇨이리에요]と発音されます。132 ㅡ語幹用言の바쁘다(忙しい)は、-아요が付くと語幹の母音ㅡが落ちて바빠요と活用します。

□ 137 **지금** チグム	今 ただ今 漢只今	지금
□ 138 **이번** イボン	今度 今回 漢-番	이번
□ 139 **다음** タウム	次 次の	다음
□ 140 **처음** チョウム	最初 初めて	처음
□ 141 **끝** 끝 クッ	終わり 端、先	끝
□ 142 **생일** センイル	誕生日 漢生日	생일
□ 143 **나이** ナイ	年齢 年	나이
□ 144 **선물** ソンムル	プレゼント 贈り物 漢膳物 動선물하다	선물

지금 공원에 있어요.

지금 공원에 있어요.

지금 チグム	공원에 공워네 コンウォネ	있어요 이써요 イッソヨ
今	公園に	います。

이번이 처음이 아니에요.

이번이 처음이 아니에요.

이번이 이버니 イボニ	처음이 처으미 チョウミ	아니에요 アニエヨ
今回が	初めてでは	ありません。

다음에 언제 만날까요? ❶

다음에 언제 만날까요?

다음에 다으메 タウメ	언제 オンジェ	만날까요 マンナルカヨ
次	いつ	会いましょうか？

처음부터 해 보세요. ❶

처음부터 해 보세요.

처음부터 チョウムブト	해 보세요 ヘ ボセヨ
最初から	やってみてください。

끝까지 함께해요. ❶

끝까지 함께해요.

끝까지 끋까지 クッカジ	함께해요 ハムケヘヨ
最後まで	一緒にやります。

제 생일도 잊어버렸어요.

제 생일도 잊어버렸어요.

제 チェ	생일도 センイルド	잊어버렸어요 이저버려써요 イジョボリョッソヨ
自分の	誕生日も	忘れてしまいました。

나이는 비밀이에요?

나이는 비밀이에요?

나이는 ナイヌン	비밀이에요 비미리에요 ピミリエヨ
年は	秘密ですか？

가방을 선물로 받았어요.

가방을 선물로 받았어요.

가방을 カバンウル	선물로 ソンムルロ	받았어요 바다써요 パダッソヨ
かばんを	プレゼントで	もらいました。

解説 139 만날까요は、만나다(会う)に相手の意向を尋ねる表現-ㄹ까요(〜しましょうか)が付いた形です。140 해 보세요は、하다(する)に試みを表す表現-여 보세요(〜してみてください)が付いた形です。141 함께(一緒に)と하다(する)が一緒になって、「(行動・運命などを)共にする」という意味を表します。

意味

129	**요일**	요일
130	**월요일**	월요일
131	**화요일**	화요일
132	**수요일**	수요일
133	**목요일**	목요일
134	**금요일**	금요일
135	**토요일**	토요일
136	**일요일**	일요일
137	**지금**	지금
138	**이번**	이번
139	**다음**	다음
140	**처음**	처음
141	**끝**	끝
142	**생일**	생일
143	**나이**	나이
144	**선물**	선물

□ 145
아버지❗
アボジ
父
お父さん
아버지

□ 146
어머니❗
オモニ
母
お母さん
어머니

□ 147
형
ヒョン
弟から見た
兄
漢兄
형

□ 148
오빠
オッパ
妹から見た
兄
오빠

□ 149
누나
ヌナ
弟から見た
姉
누나

□ 150
언니
オンニ
妹から見た
姉
언니

□ 151
동생❗
トンセン
弟／妹
동생

□ 152
할아버지
하라버지
ハラボジ
おじいさん
할아버지

解説 145 親しみを込めて아빠と呼ぶときも多いです。146 親しみを込めて엄마と呼ぶときも多いです。151 年下のきょうだいの総称として使い、弟／妹を区別するときはそれぞれ남동생(弟)、여동생(妹)のように、남(男)、여(女)を付けて使います。

아버지 선물을 　샀어요.

アボジ	선무를 ソンムルル	사써요 サッソヨ
父の	プレゼントを	買いました。

아버지 선물을 샀어요.

친구 **어머니**가 오셨어요.

チング	オモニガ	오셔써요 オショッソヨ
友達の	お母さんが	いらっしゃいました。

친구 어머니가 오셨어요.

형과　두 살 차이예요. ❗

ヒョングァ	トゥ サル	차이에요 チャイエヨ
兄と	2歳	違いです。

형과 두 살 차이예요.

오빠하고 싸웠어요.

オッパハゴ	싸워써요 サウォッソヨ
兄と	けんかしました。

오빠하고 싸웠어요.

누나는 결혼했어요.

ヌナヌン	겨로내써요 キョロネッソヨ
姉は	結婚しました。

누나는 결혼했어요.

언니가 동생 같아요.

オンニガ	トンセン	가타요 カタヨ
姉が	妹	みたいです。

언니가 동생 같아요.

여**동생**을 소개시켜 주세요. ❷

ヨドンセンウル	ソゲシキョ ジュセヨ
妹を	紹介してください。

여동생을 소개시켜 주세요.

할아버지를 뵈러 가요. ❷

하라버지를 ハラボジルル	뾔로 가요 プェロ ガヨ
おじいさんに	会いに行きます。

할아버지를 뵈러 가요.

解説　147 ☞040。151 소개시켜 주세요는、소개시키다（紹介する）に依頼の表現-어 주세요（～してください）
が付いた形です。152 뵈다は만나다の謙譲語で、直訳すると「お目にかかる」。

□ 153
할머니
ハルモニ

おばあさん 할머니

□ 154
남편
ナムピョン

夫
漢男便

남편

□ 155
아내
アネ

妻
家内

아내

□ 156
아이
アイ

子供
縮애

아이

□ 157
아들
アドゥル

息子 아들

□ 158
딸
タル

娘 딸

□ 159
아저씨
アジョッシ

おじさん 아저씨

□ 160
아주머니❶
アジュモニ

おばさん 아주머니

解説　160 親しみを込めて아줌마と呼ぶこともあります。

할머니, 여기 앉으세요.

할머니, 여기 앉으세요.

ハルモニ	ヨギ	안즈세요 アンジュセヨ
おばあさん、	ここに	お座りください。

남편이 잘해 줘요. ❶

남편이 잘해 줘요.

남펴니 ナムピョニ	자래 줘요 チャレ ジュォヨ
夫が	よくしてくれます。

아내가 무서워요.

아내가 무서워요.

アネガ	ムソウォヨ
妻が	怖いです。

아이들이 책을 읽어요. ❶

아이들이 책을 읽어요.

아이드리 アイドゥリ	채글 チェグル	일거요 イルゴヨ
子供たちが	本を	読みます。

그 아들에 그 아버지.

그 아들에 그 아버지.

그 아드레 그 아버지 クアドゥレク アボジ
この親にしてこの子あり（その息子にその父）。

딸과 친구처럼 지내요.

딸과 친구처럼 지내요.

タルグァ	チングチョロム	チネヨ
娘と	友達のように	過ごします。

아저씨를 길에서 만났어요.

아저씨를 길에서 만났어요.

アジョッシルル	기레서 キレソ	만나써요 マンナッソヨ
おじさんに	道で	会いました。

아주머니, 물 좀 주세요. ❶

아주머니, 물 좀 주세요.

アジュモニ	ムル ジョム	ジュセヨ
おばさん、	水	ください。

解説　154 잘해 줘요は、잘하다(よくする)に人のためにすることを表す-여 줘요(～してくれる／あげる)が付いた形です。156 읽어요は、읽の二重パッチムのうちㄱがㅓと連音化して[일거요]と発音されます。160 좀は本来「ちょっと」という意味ですが、この例文のように単に語調をそろえるためによく使われます。

意　味

145	**아버지**	아버지
146	**어머니**	어머니
147	**형**	형
148	**오빠**	오빠
149	**누나**	누나
150	**언니**	언니
151	**동생**	동생
152	**할아버지**	할아버지
153	**할머니**	할머니
154	**남편**	남편
155	**아내**	아내
156	**아이**	아이
157	**아들**	아들
158	**딸**	딸
159	**아저씨**	아저씨
160	**아주머니**	아주머니

□ 161
사람
サラム

人
人間

사람

□ 162
이름
イルム

名前

이름

□ 163
가족
カジョク

家族
漢家族

가족

□ 164
친구
チング

友人
漢親旧

친구

□ 165
남자
ナムジャ

男
男性
漢男子

남자

□ 166
여자
ヨジャ

女
女性
漢女子

여자

□ 167
기분
キブン

気分
漢気分

기분

□ 168
사랑
サラン

愛
恋
動사랑하다

사랑

형은　그런 **사람** 아니에요.

ヒョンウン	クロン	サラム	アニエヨ
兄さんは	そんな	人では	ありません。

형은 그런 사람 아니에요.

이름이 어떻게 되세요?

이르미	어떠케	
イルミ	オットケ	トェセヨ
名前は	何と	おっしゃいますか？

이름이 어떻게 되세요?

가족이 있어서 힘이 나요.

가조기	이써서	히미	
カジョギ	イッソソ	ヒミ	ナヨ
家族が	いるので	力が	出ます。

가족이 있어서 힘이 나요.

제일 친한 **친구**.

	치난	
チェイル	チナン	チング
一番	親しい	友達。

제일 친한 친구.

키 큰 **남자**가 좋아요.

		조아요
キ クン	ナムジャガ	チョアヨ
背の高い	男が	好きです。

키 큰 남자가 좋아요.

그 **여자**를 사랑해요.

쿠 ヨジャルル	サランヘヨ
彼女（その女）を	愛しています。

그 여자를 사랑해요.

오늘은 **기분**이 좋아요.

오느른	기부니	조아요
オヌルン	キブニ	チョアヨ
今日は	気分が	いいです。

오늘은 기분이 좋아요.

이것이 **사랑**일까요?

이거시	
イゴシ	サランイルカヨ
これが	愛でしょうか？

이것이 사랑일까요?

解説　162 直訳すると「名前はどうなりますか？」。163 있어서는、있다（いる）に理由を表す語尾-어서（～ので）が付いた形です。164 친한は形容詞친하다（親しい）の現在連体形です。165 큰は形容詞크다（大きい）の現在連体形です。168 일까요は、이다（だ・である）に質問や推測の表現-ㄹ까요（～でしょうか）が付いた形です。

□ 169
이야기
イヤギ

話
物語
縮 얘기
動 이야기하다

이야기

□ 170
소리
ソリ

音
声、話

소리

□ 171
전화
저놔
チョヌァ

電話
漢 電話
動 전화하다

전화

□ 172
일³
イル

仕事
こと、用事、事件
動 일하다

일

□ 173
돈
トン

お金

돈

□ 174
값
갑
カプ

値段
価値

값

□ 175
숫자
숟짜
スッチャ

数字
漢 数字

숫자

□ 176
반
パン

半分
半
漢 半

반

우리 **이야기** 좀 해요.

ウリ　イヤギ ジョム ヘヨ
私たち　ちょっと話しましょう。

우리 이야기 좀 해요.

소리를 내 보세요.

ソリルル　ネ ボセヨ
音を　　　出してみてください。

소리를 내 보세요.

지금 **전화**해도 돼요?

チグム　저놔해도 チョヌァヘド　トェヨ
今　　　電話しても　　　　　いいですか？

지금 전화해도 돼요?

어떤 **일**을 하세요?

어떤 이를 オットン イルル　ハセヨ
どんな仕事を　　　　　なさいますか？

어떤 일을 하세요?

지갑에 **돈**이 없어요.

지가베 チガベ　도니 トニ　업써요 オプソヨ
財布に　　お金が　ありません。

지갑에 돈이 없어요.

거기는 **값**이 싸요.

コギヌン　갑씨 カプシ　サヨ
あそこは　値段が　安いです。

거기는 값이 싸요.

숫자를 세어 보세요.

숟짜를 スッチャルル　セオ ボセヨ
数字を　　　　　　　数えてみてください。

숫자를 세어 보세요.

반밖에 못 읽었어요.

반바께 パンバッケ　모 딜거써요 モ ディルゴッソヨ
半分しか　読めませんでした。

반밖에 못 읽었어요.

解説　170 내 보세요는、내다(出す)に試みを表す表現-어 보세요(〜してみてください)が付いた形です。171 해도 돼요?は、하다に許諾を求める表現-여도 돼요?(〜してもいいですか?)が付いた形です。175 세어 보세요는、세다(数える)に試みを表す表現-어 보세요(〜してみてください)が付いた形です。

))) 24-

意 味

161	**사람**	사람
162	**이름**	이름
163	**가족**	가족
164	**친구**	친구
165	**남자**	남자
166	**여자**	여자
167	**기분**	기분
168	**사랑**	사랑
169	**이야기**	이야기
170	**소리**	소리
171	**전화**	전화
172	**일³**	일
173	**돈**	돈
174	**값**	값
175	**숫자**	숫자
176	**반**	반

□ 177
음식
ウムシク

食べ物
料理
漢飲食

음식

□ 178
식사
식싸
シクサ

食事
漢食事
動식사하다

식사

□ 179
요리
ヨリ

料理
漢料理
動요리하다

요리

□ 180
맛
맏
マッ

味

맛

□ 181
밥
パプ

ご飯
飯

밥

□ 182
국
クク

スープ
汁

국

□ 183
고기
コギ

肉
魚

고기

□ 184
생선
センソン

魚
鮮魚
漢生鮮

생선

음식이 입에 맞아요?

음식이 입에 맞아요?

음시기 ウムシギ	이베 イベ	마자요 マジャヨ
食べ物が	口に	合いますか？

식사하러 가시죠. ❶

식사하러 가시죠.

식싸하러 가시조 シクサハロ カシジョ
食事しに行きましょう。

주말에는 요리를 해요.

주말에는 요리를 해요.

주마레는 チュマレヌン	요리를 ヨリルル	해요 ヘヨ
週末には	料理を	します。

맛이 어때요?

맛이 어때요?

마시 マシ	오떼요 オッテヨ
味は	どうですか？

밥 한 그릇 더 주세요. ❶

밥 한 그릇 더 주세요.

파프 パプ	한 그를 떠 ハン グルット	추세요 チュセヨ
ご飯	もう1杯	ください。

밥과 국.

밥과 국.

밥꽈 パプクァ	국 クク
ご飯と	スープ。

고기와 채소. ❶

고기와 채소.

코기와 コギワ	채소 チェソ
肉と	野菜。

생선 한 마리에 천 원. ❶

생선 한 마리에 천 원.

센손 センソン	한 마리에 ハン マリエ	처 눤 チョ ヌォン
魚	1匹で	1000ウォン。

解説 178 가시죠は、가다（行く）に提案を表す敬語の表現-시죠（～しましょう）が付いた形です。181 助数詞그릇（～杯）には固有数詞を使います。183 채소は野菜のことです。184 助数詞の마리（～匹）には固有数詞を使い、원（～ウォン）には漢数詞を使います。

□ 185-4
야채
ヤチェ

野菜
漢野菜

야채

□ 186
과일
クァイル

果物

과일

□ 187
빵
パン

パン

빵

□ 188
비빔밥
비빔빱
ピビムパプ

ビビンバ

비빔밥

□ 189
불고기
プルゴギ

プルコギ
焼き肉

불고기

□ 190-4
갈비
カルビ

カルビ
肋骨(ろっこつ)

갈비

□ 191
김치
キムチ

キムチ

김치

□ 192
고추
コチュ

唐辛子

고추

토마토는 **야채**가 아니에요?❶

토마토는 トマトヌン	야채가 ヤチェガ	아니에요 アニエヨ
トマトは	野菜では	ないんですか？

토마토는 야채가 아니에요?

과일로 술을 만들어요.

과일로 クァイルロ	술을 수를 スルル	만들어요 만드러요 マンドゥロヨ
果物で	酒を	作ります。

과일로 술을 만들어요.

아침은 **빵**을 먹어요.

아침은 아치믄 アチムン	빵을 パンウル	먹어요 머거요 モゴヨ
朝は	パンを	食べます。

아침은 빵을 먹어요.

비빔밥 시키신 분?❶

비빔밥 비빔빱 ピビムパプ	시키신 분 シキシン ブン
ビビンバを	注文された方は？

비빔밥 시키신 분?

불고기를 만들까요? ❶

불고기를 プルゴギルル	만들까요 マンドゥルカヨ
プルコギを	作りましょうか？

불고기를 만들까요?

갈비를 먹으러 가요.❶

갈비를 カルビルル	먹으러 가요 머그러 가요 モグロ ガヨ
カルビを	食べに行きます。

갈비를 먹으러 가요.

김치하고 밥을 먹어요.

김치하고 キムチハゴ	밥을 바블 パブル	먹어요 머거요 モゴヨ
キムチと	ご飯を	食べます。

김치하고 밥을 먹어요.

작은 **고추**가 매워요.

작은 자근 チャグン	고추가 コチュガ	매워요 メウォヨ
小さい	唐辛子が	辛いです。

작은 고추가 매워요.

解説　185 トマトは韓国では果物です。188 시키신は시키다(注文する)の尊敬形の過去連体形。분(方)は人(人)の尊敬語。189 만들까요は、만들다(作る)に相手の意向を尋ねる表現-ㄹ까요(～しましょうか)が付いた形です。190 먹으러は、먹다(食べる)に移動の目的を表す語尾-으러(～しに)が付いた形です。

意味

177 **음식**	음식
178 **식사**	식사
179 **요리**	요리
180 **맛**	맛
181 **밥**	밥
182 **국**	국
183 **고기**	고기
184 **생선**	생선
185 **야채**	야채
186 **과일**	과일
187 **빵**	빵
188 **비빔밥**	비빔밥
189 **불고기**	불고기
190 **갈비**	갈비
191 **김치**	김치
192 **고추**	고추

☐ 193
가다
カダ

行く

가요
カヨ

正 가다 – 가요 – 갔어요 – 가세요

☐ 194
오다
オダ

来る

와요
ワヨ

正 오다 – 와요 – 왔어요 – 오세요

☐ 195
타다
タダ

乗る
(スキーやそりなどで)
滑る

타요
タヨ

正 타다 – 타요 – 탔어요 – 타세요

☐ 196
내리다
ネリダ

降りる
下ろす、降る

내려요
ネリョヨ

正 내리다 – 내려요 – 내렸어요 – 내리세요

☐ 197
다니다
タニダ

通う

다녀요
タニョヨ

正 다니다 – 다녀요 – 다녔어요 – 다니세요

☐ 198
기다리다
キダリダ

待つ

기다려요
キダリョヨ

正 기다리다 – 기다려요 – 기다렸어요 – 기다리세요

☐ 199
만나다
マンナダ

会う

만나요
マンナヨ

正 만나다 – 만나요 – 만났어요 – 만나세요

☐ 200
보다
ポダ

見る

봐요
ポァヨ

正 보다 – 봐요 – 봤어요 – 보세요

미국으로 여행을 **가요**.

미국으로 여행을 가요.

미구그로 ミググロ		ヨヘンウル	カヨ
アメリカに		旅行に	行きます。

겨울이 가고 봄이 **와요**. ❗

겨울이 가고 봄이 와요.

겨우리 キョウリ	カゴ	보미 ポミ	ワヨ
冬が	行って	春が	来ます。

차를 **타고** 여행을 가요. ❗

차를 타고 여행을 가요.

チャルル	タゴ	ヨヘンウル	カヨ
車に	乗って	旅行に	行きます。

지금 버스에서 **내렸어요**.

지금 버스에서 내렸어요.

チグム	뻐스에서 ポスエソ	내려써요 ネリョッソヨ
今	バスから	降りました。

저녁에 학원에 **다녀요**. ❗

저녁에 학원에 다녀요.

저녀게 チョニョゲ	하궈네 ハグォネ	タニョヨ
夕方に	塾(学院)に	通っています。

잠깐만 **기다리세요**.

잠깐만 기다리세요.

チャムカンマン	キダリセヨ
少し	お待ちください。

그 카페에서 **만나요**.

그 카페에서 만나요.

ク カペエソ	マンナヨ
あのカフェで	会いましょう。

드라마는 꼭 **봐요**.

드라마는 꼭 봐요.

トゥラマヌン	コク	ポァヨ
ドラマは	必ず	見ます。

解説　194 가고は、가다(行く)に時間の順序を表す語尾-고(〜して)が付いた形です。195 ☞194。197 韓国では、学習塾や語学・資格学校などを학원(学院)と呼びます。

□ 201
먹다
먹따
モクタ

食べる

먹어요
머거요
モゴヨ

正 먹다 – 먹어요 – 먹었어요 – 드세요

□ 202
마시다
マシダ

飲む
吸う

마셔요
マショヨ

正 마시다 – 마셔요 – 마셨어요 – 드세요

□ 203
놀다
ノルダ

遊ぶ
(勤めなどを)休む

놀아요
노라요
ノラヨ

ㄹ語幹 놀다 – 놀아요 – 놀았어요 – 노세요

□ 204
찾다
찯따
チャッタ

探す
見つける、見つかる、
(お金を)下ろす

찾아요
차자요
チャジャヨ

正 찾다 – 찾아요 – 찾았어요 – 찾으세요

□ 205-4
보이다^1
ポイダ

見える

보여요
ポヨヨ

正 보이다 – 보여요 – 보였어요 – 보이세요

□ 206-4
보이다^2
ポイダ

見せる

보여요
ポヨヨ

正 보이다 – 보여요 – 보였어요 – 보이세요

□ 207
사다
サダ

買う

사요
サヨ

正 사다 – 사요 – 샀어요 – 사세요

□ 208
팔다
パルダ

売る

팔아요
파라요
パラヨ

ㄹ語幹 팔다 – 팔아요 – 팔았어요 – 파세요

너무 매워서 못 **먹어요.** ❶

ノム メウォソ　モン モゴヨ
辛すぎて　　　食べられません。

너무 매워서 못 먹어요.

노래방에서　술을 **마셨어요.**

ノレバンエソ　スルル　マショッソヨ
カラオケボックスで　酒を　飲みました。

노래방에서 술을 마셨어요.

공부 안 하고 **놀았어요.** ❶

コンブ　ア ナゴ　ノラッソヨ
勉強　せずに　遊びました。

공부 안 하고 놀았어요.

사람을 **찾아요.**

サラムル　チャジャヨ
人を　探しています。

사람을 찾아요.

계속　가면 호텔이 **보여요.** ❶

ケソク　カミョン　ホテリ　ポヨヨ
このまま　行けば　ホテルが　見えます。

계속 가면 호텔이 보여요.

이것 좀　**보여 주세요.** ❶

イゴッ　チョム　ポヨ ジュセヨ
これ　ちょっと　見せてください。

이것 좀 보여 주세요.

새 핸드폰을 **샀어요.**

セ ヘンドゥポヌル　サッソヨ
新しい携帯電話を　買いました。

새 핸드폰을 샀어요.

싸게 **팔아요.**

サゲ　パラヨ
安く　売ります。

싸게 팔아요.

解説　201 매워서は、맵다(辛い)に理由を表す語尾-어서(〜ので)が付いた形です。203 안 하고は、ㅎが弱音化して[아 나고]と発音されます。205 계속は[계속]と発音(☞083)。206 보여 주세요は、보이다に依頼の表現-어 주세요(〜してください)が付いた形です。208 싸게は、싸다(安い)の副詞形です。

意味

#		
193	**가다**	가요
194	**오다**	와요
195	**타다**	타요
196	**내리다**	내려요
197	**다니다**	다녀요
198	**기다리다**	기다려요
199	**만나다**	만나요
200	**보다**	봐요
201	**먹다**	먹어요
202	**마시다**	마셔요
203	**놀다**	놀아요
204	**찾다**	찾아요
205	**보이다**[1]	보여요
206	**보이다**[2]	보여요
207	**사다**	사요
208	**팔다**	팔아요

1週目
2週目
3週目
4週目

☐ 209
고맙다

ありがたい

고맙따
コマプタ

고마워요
コマウォヨ

ㅂ変 고맙다 – 고마워요 – 고마웠어요 – 고마우세요

☐ 210
감사하다

感謝する ❗
ありがたい
漢 感謝--
名 감사

カムサハダ

감사해요
カムサヘヨ

하用言 감사하다 – 감사해요 – 감사했어요 – 감사하세요

☐ 211
반갑다

(会えて)う
れしい
喜ばしい、懐かしい
副 반가이

반갑따
パンガプタ

반가워요
パンガウォヨ

ㅂ変 반갑다 – 반가워요 – 반가웠어요 – 반가우세요

☐ 212
미안하다

すまない
申し訳ない
漢 未安--
副 미안히

미아나다
ミアナダ

미안해요
미아내요
ミアネヨ

하用言 미안하다 – 미안해요 – 미안했어요 – 미안하세요

☐ 213
죄송하다

申し訳ない
恐れ入る
漢 罪悚--

チュェソンハダ

죄송해요
チュェソンヘヨ

하用言 죄송하다 – 죄송해요 – 죄송했어요 – 죄송하세요

☐ 214
괜찮다

構わない
結構だ、大丈夫だ

괜찬타
クェンチャンタ

괜찮아요
괜차나요
クェンチャナヨ

正 괜찮다 – 괜찮아요 – 괜찮았어요 – 괜찮으세요

☐ 215
안녕하다

元気だ
安寧だ、無事だ
漢 安寧--
副 안녕히

アンニョンハダ

안녕해요
アンニョンヘヨ

하用言 안녕하다 – 안녕해요 – 안녕했어요 – 안녕하세요

☐ 216
아프다

痛い
具合が悪い

アプダ

아파요
アパヨ

으語幹 아프다 – 아파요 – 아팠어요 – 아프세요

解説　**210 감사하다**は、「ありがたい」の意味では形容詞、「感謝する」の意味では動詞と考えられますが、고맙다との比較のためにあえてメイン訳を「感謝する」にしました。

선물 **고마워요.**

선물 고마워요.

ソンムル　コマウォヨ
プレゼント、　ありがとうございます。

와 주셔서 **감사합니다.**

와 주셔서 감사합니다.

ワ ジュショソ
来てくださって

감사합니다
カムサハムニダ
ありがとうございます。

만나서 **반가워요.**

만나서 반가워요.

マンナソ　パンガウォヨ
会えて　うれしいです。

늦어서 **미안해요.**

늦어서 미안해요.

느저서
ヌジョソ

미아내요
ミアネヨ

遅れて　すみません。

정말로 **죄송합니다.**

정말로 죄송합니다.

チョンマルロ

죄송합니다
チュェソンハムニダ

本当に　申し訳ありません。

오늘 시간 **괜찮으세요?**

오늘 시간 괜찮으세요?

オヌル　シガン

괜차느세요
クェンチャヌセヨ

今日　時間　大丈夫ですか？

우리 아버지도 **안녕하세요.**

우리 아버지도 안녕하세요.

ウリ　アボジド　アンニョンハセヨ
うちの　父も　元気です。

마음이 **아파요.**

마음이 아파요.

마으미
マウミ

アパヨ

心が　痛みます。

解説 210 와 주셔서는、오다 (来る)に表現-아 주셔서(〜してくださって)が付いた形です。211 만나서는、만나다 (会う)に理由を表す語尾-아서(〜して)が付いた形です。212 늦어서는、늦다 (遅れる)に理由を表す語尾-어서(〜して)が付いた形です。

113

□ 217
좋다
조타
チョタ

良い
好きだ
動 좋아하다

좋아요
조아요
チョアヨ

正 좋다 – 좋아요 – 좋았어요 – 좋으세요

□ 218
싫다
실타
シルタ

嫌だ
嫌いだ
動 싫어하다

싫어요
시러요
シロヨ

正 싫다 – 싫어요 – 싫었어요 – 싫으세요

□ 219
나쁘다
ナップダ

悪い

나빠요
ナッパヨ

으語幹 나쁘다 – 나빠요 – 나빴어요 – 나쁘세요

□ 220
고프다
コプダ

空腹だ
ひもじい

고파요
コパヨ

으語幹 고프다 – 고파요 – 고팠어요 – 고프세요

□ 221
맛있다
미싣따
マシッタ

おいしい

맛있어요
마시써요
マシッソヨ

正 맛있다 – 맛있어요 – 맛있었어요 – 맛있으세요

□ 222
맛없다
마덥따
マドプタ

まずい
副 맛없이

맛없어요
마덥써요
マドプソヨ

正 맛없다 – 맛없어요 – 맛없었어요 – 맛없으세요

□ 223
비싸다
ピッサダ

(値段が)高
い

비싸요
ピッサヨ

正 비싸다 – 비싸요 – 비쌌어요 ――

□ 224
싸다
サダ

安い

싸요
サヨ

正 싸다 – 싸요 – 쌌어요 ――

그 친구는 머리가 **좋아요.**

クチングヌン　モリガ　조아요 チョアヨ

彼／彼女（あいつ）は　頭が　いいです。

그 친구는 머리가 좋아요.

저는 운동이 **싫어요.**

チョヌン　ウンドンイ　시러요 シロヨ

私は　運動が　嫌です。

저는 운동이 싫어요.

기분이 **나빠요.**

기부니 キブニ　ナッパヨ

気分が　悪いです。

기분이 나빠요.

먹어도 배가 **고파요.**

머거도 モゴド　ペガ　コパヨ

食べても　お腹が　すきます。

먹어도 배가 고파요.

뭐가 **맛있어요?**

ムォガ　마시써요 マシッソヨ

何が　おいしいですか？

뭐가 맛있어요?

저 식당은 **맛없어요.**

저 식땅은 チョ シクタンウン　마덥써요 マドプソヨ

あの食堂は　まずいです。

저 식당은 맛없어요.

비싸서 못 사요.

ピッサソ　몯 싸요 モッ サヨ

高くて　買えません。

비싸서 못 사요.

그 가게가 제일 **싸요.**

クカゲガ　チェイル　サヨ

あのお店が　一番　安いです。

그 가게가 제일 싸요.

解説　220 먹어도は、먹다（食べる）に譲歩の意味の語尾-어도（～しても）が付いた形です。221 뭐は、무엇（何）の縮約形です。223 비싸서は、비싸다（高い）に理由を表す語尾-아서（～ので）が付いた形です。

意味

209	고맙다	고마워요
210	감사하다	감사해요
211	반갑다	반가워요
212	미안하다	미안해요
213	죄송하다	죄송해요
214	괜찮다	괜찮아요
215	안녕하다	안녕해요
216	아프다	아파요
217	좋다	좋아요
218	싫다	싫어요
219	나쁘다	나빠요
220	고프다	고파요
221	맛있다	맛있어요
222	맛없다	맛없어요
223	비싸다	비싸요
224	싸다	싸요

基本形	ヘヨ体現在	ヘヨ体過去	ヘヨ体現在尊敬
☐ 193 **가다**	가요	갔어요 가써요	가세요
☐ 194 **오다**	와요	왔어요 와써요	오세요
☐ 195 **타다**	타요	탔어요 타써요	타세요
☐ 196 **내리다**	내려요	내렸어요 내려써요	내리세요
☐ 197 **다니다**	다녀요	다녔어요 다녀써요	다니세요
☐ 198 **기다리다**	기다려요	기다렸어요 기다려써요	기다리세요
☐ 199 **만나다**	만나요	만났어요 만나써요	만나세요
☐ 200 **보다**	봐요	봤어요 봐써요	보세요
☐ 201 **먹다** 먹따	먹어요 머거요	먹었어요 머거써요	드세요
☐ 202 **마시다**	마셔요	마셨어요 마셔써요	드세요
☐ 203 **놀다** ㄹ語幹	놀아요 노라요	놀았어요 노라써요	노세요
☐ 204 **찾다** 찬따	찾아요 차자요	찾았어요 차자써요	찾으세요 차즈세요
☐ 205 **보이다**[1]	보여요	보였어요 보여써요	보이세요
☐ 206 **보이다**[2]	보여요	보였어요 보여써요	보이세요
☐ 207 **사다**	사요	샀어요 사써요	사세요
☐ 208 **팔다** ㄹ語幹	팔아요 파라요	팔았어요 파라써요	파세요

基本形	ヘヨ体現在	ヘヨ体過去	ヘヨ体現在尊敬
☐ 209 **고맙다** ㅂ変則 고맙따	고마워요	고마웠어요 고마워써요	고마우세요
☐ 210 **감사하다** 하用言	감사해요	감사했어요 감사해써요	감사하세요
☐ 211 **반갑다** ㅂ変則 반갑따	반가워요	반가웠어요 반가워써요	반가우세요
☐ 212 **미안하다** 하用言 미아나다	미안해요 미아내요	미안했어요 미아내써요	미안하세요 미아나세요
☐ 213 **죄송하다** 하用言	죄송해요	죄송했어요 죄송해써요	죄송하세요
☐ 214 **괜찮다** 괜찬타	괜찮아요 괜차나요	괜찮았어요 괜차나써요	괜찮으세요 괜차느세요
☐ 215 **안녕하다** 하用言	안녕해요	안녕했어요 안녕해써요	안녕하세요
☐ 216 **아프다** 으語幹	아파요	아팠어요 아파써요	아프세요
☐ 217 **좋다** 조타	좋아요 조아요	좋았어요 조아써요	좋으세요 조으세요
☐ 218 **싫다** 실타	싫어요 시러요	싫었어요 시러써요	싫으세요 시르세요
☐ 219 **나쁘다** 으語幹	나빠요	나빴어요 나빠써요	나쁘세요
☐ 220 **고프다** 으語幹	고파요	고팠어요 고파써요	고프세요
☐ 221 **맛있다** 마싣따	맛있어요 마시써요	맛있었어요 마시써써요	맛있으세요 마시쓰세요
☐ 222 **맛없다** 마덥따	맛없어요 마덥써요	맛없었어요 마덥써써요	맛없으세요 마덥쓰세요
☐ 223 **비싸다**	비싸요	비쌌어요 비싸써요	—
☐ 224 **싸다**	싸요	쌌어요 싸써요	—

	意 味			意 味
□ 113 **이런**			□ 129 **요일**	
□ 114 **그런**			□ 130 **월요일** 워료일	
□ 115 **저런**			□ 131 **화요일**	
□ 116 **어떤**			□ 132 **수요일**	
□ 117 **아무**			□ 133 **목요일** 모교일	
□ 118 **여러**			□ 134 **금요일** 그묘일	
□ 119 **몇** 면			□ 135 **토요일**	
□ 120 **언제**			□ 136 **일요일** 이료일	
□ 121 **무엇** 무얻			□ 137 **지금**	
□ 122 **무슨**			□ 138 **이번**	
□ 123 **며칠**			□ 139 **다음**	
□ 124 **얼마**			□ 140 **처음**	
□ 125 **얼마나**			□ 141 **끝** 끋	
□ 126 **어떻게** 어떠케			□ 142 **생일**	
□ 127 **왜**			□ 143 **나이**	
□ 128 **어느 것** 어느 걷			□ 144 **선물**	

意味		意味

□ 145 **아버지**

□ 146 **어머니**

□ 147 **형**

□ 148 **오빠**

□ 149 **누나**

□ 150 **언니**

□ 151 **동생**

□ 152 **할아버지**
하라버지

□ 153 **할머니**

□ 154 **남편**

□ 155 **아내**

□ 156 **아이**

□ 157 **아들**

□ 158 **딸**

□ 159 **아저씨**

□ 160 **아주머니**

□ 161 **사람**

□ 162 **이름**

□ 163 **가족**

□ 164 **친구**

□ 165 **남자**

□ 166 **여자**

□ 167 **기분**

□ 168 **사랑**

□ 169 **이야기**

□ 170 **소리**

□ 171 **전화**
저놔

□ 172 **일**3

□ 173 **돈**

□ 174 **값**
갑

□ 175 **숫자**
숟짜

□ 176 **반**

意 味 意 味

□ 177 **음식**	□ 193 **가다**
□ 178 **식사** 식싸	□ 194 **오다**
□ 179 **요리**	□ 195 **타다**
□ 180 **맛** 맏	□ 196 **내리다**
□ 181 **밥**	□ 197 **다니다**
□ 182 **국**	□ 198 **기다리다**
□ 183 **고기**	□ 199 **만나다**
□ 184 **생선**	□ 200 **보다**
□ 185 **야채**	□ 201 **먹다** 먹따
□ 186 **과일**	□ 202 **마시다**
□ 187 **빵**	□ 203 **놀다**
□ 188 **비빔밥** 비빔빱	□ 204 **찾다** 찯따
□ 189 **불고기**	□ 205 **보이다**¹
□ 190 **갈비**	□ 206 **보이다**²
□ 191 **김치**	□ 207 **사다**
□ 192 **고추**	□ 208 **팔다**

意　味

☐ 209 **고맙다**
고맙따

☐ 210 **감사하다**

☐ 211 **반갑다**
반갑따

☐ 212 **미안하다**
미아나다

☐ 213 **죄송하다**

☐ 214 **괜찮다**
괜찬타

☐ 215 **안녕하다**

☐ 216 **아프다**

☐ 217 **좋다**
조타

☐ 218 **싫다**
실타

☐ 219 **나쁘다**

☐ 220 **고프다**

☐ 221 **맛있다**
미싣따

☐ 222 **맛없다**
마덥따

☐ 223 **비싸다**

☐ 224 **싸다**

例文で使われた新出項目を確認！

2週目で学んだ文法項目

　2週目の例文では、動詞や形容詞の連体形も一部使われています。巻末の「韓国語の基礎6　連体形」（P.250）を参照しながら確認するといいでしょう。

» 助詞

밖에	～しか	176
처럼	～のように	158

» 語尾・表現

–게	～く、～に、～するように〈用言の副詞形〉	208
–고	～して、～くて、～で	194 / 195 / 203
–죠	～しますよ、～しましょう、～ですよ	178
–ㄴ/–은	～した…〈動詞の過去連体形〉	188
–ㄴ/–은	～ (な)…〈形容詞の現在連体形〉	164 / 165 / 192
–ㄹ까요/–을까요	～しましょうか・でしょうか〈相手の意向を尋ねる／提案／推測〉	139 / 168 / 189
–아도/–어도/–여도	～しても・でも	220
–아도/–어도/–여도 돼요	～してもいいです	171
–아/–어/–여 보세요		140 / 170 / 175
–아서/–어서/–여서	～して・(な) ので	163 / 201 / 210 / 211 / 212 / 2
–아/–어/–여 줘요	～してくれます	154

126

3 週目

ここまで見てきた例文には、実は韓国語を理解し表現するのに必要な多くの助詞が含まれていました。この週の例文では、さらに、早い段階で覚えてほしい基本の語尾や表現など文法項目を含めてあります。単語も少しレベルが上がってきます。

))) 34

□ 225 **물** ムル	水	물
□ 226 **술** スル	酒	술
□ 227 **주스** チュス	ジュース 外 juice	주스
□ 228 **커피** コピ	コーヒー 外 coffee	커피
□ 229 **차**¹ チャ	お茶 漢茶	차
□ 230 **우유** ウユ	牛乳 漢牛乳	우유
□ 231 **설탕** ソルタン	砂糖 漢雪糖	설탕
□ 232 **소금** ソグム	塩	소금

꽃에 물을 줘요.

꼬체
コチェ

무를
ムルル

チュオヨ

花に　水を　やります。

꽃에 물을 줘요.

술 좋아하세요?

スル

조아하세요
チョアハセヨ

酒、　お好きですか？

술 좋아하세요?

야채 주스를 마셔요.

ヤチェ ジュスルル

マショヨ

野菜ジュースを　飲みます。

야채 주스를 마셔요.

커피를 매일 마셔요.

コピルル

メイル

マショヨ

コーヒーを　毎日　飲みます。

커피를 매일 마셔요.

차 한잔 하실래요?❗

チャ

ハンジャン

ハシルレヨ

お茶　1杯　しませんか？

차 한잔 하실래요?

우유를 마시면 배가 아파요.❗

ウユルル

マシミョン

ペガ

アパヨ

牛乳を　飲むと　お腹が　痛いです。

우유를 마시면 배가 아파요.

설탕을 넣으세요?

ソルタンウル

너으세요
ノウセヨ

砂糖を　入れますか？

설탕을 넣으세요?

소금을 많이 넣어서 짜요.❗

소그믈
ソグムル

마니
マニ

너어서
ノオソ

チャヨ

塩を　たくさん　入れたので　塩辛いです。

소금을 많이 넣어서 짜요.

解説　229 하실래요는, 하다(する)の敬語하시다に、勧誘を表す表現-ㄹ래요(〜しませんか)が付いた形です。230 마시면은、마시다(飲む)に条件を表す語尾-면(〜すると)が付いた形です。ここでの아파요は「痛くなります」の意味で用いられています。232 넣어서는、넣다(入れる)に理由を表す語尾-어서(〜なので)が付いた形です。

□ 233
개²
ケ
犬 개

□ 234
고양이
コヤンイ
猫 고양이

□ 235
소
ソ
牛 소

□ 236
돼지
トェジ
豚 돼지

□ 237
새
セ
鳥 새

□ 238
닭
닥
タク
ニワトリ 닭

□ 239-4
물고기
물꼬기
ムルコギ
魚 물고기

□ 240-4
동물
トンムル
動物
類動物 동물

개는 사람과 친해요.

개는	사람과	친해요 チネヨ
ケヌン	サラムグァ	
犬は	人間と	親しいです。

개는 사람과 친해요.

고양이가 물고기를 먹네요. ❶

고양이가	물꼬기를 ムルコギルル	멍네요 モンネヨ
コヤンイガ		
猫が	魚を	食べていますね。

고양이가 물고기를 먹네요.

소처럼 일해요.

소처럼	이래요 イレヨ
ソチョロム	
牛のように	働きます。

소처럼 일해요.

돼지고기 삼백 그램 주세요. ❶

돼지고기 トェジゴギ	삼백 그램 サムベク クレム	주세요 チュセヨ
豚肉	300グラム	ください。

돼지고기 삼백 그램 주세요.

아침에 새소리가 들려요.

아치메 アチメ	세소리가 セソリガ	トゥルリョヨ
朝に	鳥の声が	聞こえます。

아침에 새소리가 들려요.

여기는 닭 요리가 맛있어요. ❶

여기는 ヨギヌン	당 뇨리가 タン ニョリガ	마시써요 マシッソヨ
ここは	鶏料理が	おいしいです。

여기는 닭 요리가 맛있어요.

물고기를 몇 마리 잡았어요?

물꼬기를 ムルコギルル	면 마리 ミョン マリ	자바써요 チャバッソヨ
魚を	何匹	捕まえましたか？

물고기를 몇 마리 잡았어요?

사람은 생각하는 동물. ❶

사라믄 サラムン	생가카는 センガカヌン	トンムル
人は	考える	動物。

사람은 생각하는 동물.

解説 　234 먹네요는, 먹다(食べる)に発見や感嘆のニュアンスを含む表現-네요(～しますね)が付いた形です。
236 外来語の助数詞には通常漢数詞を使います。238 닭 요리는、ㄴ挿入と鼻音化が起こり[당 뇨리]と
発音されます。240 생각하는은、생각하다(考える)の現在連体形です。

131

意味

225	**물**	물	
226	**술**	술	
227	**주스**	주스	
228	**커피**	커피	
229	**차**¹	차	
230	**우유**	우유	
231	**설탕**	설탕	
232	**소금**	소금	
233	**개**²	개	
234	**고양이**	고양이	
235	**소**	소	
236	**돼지**	돼지	
237	**새**	새	
238	**닭**	닭	
239	**물고기**	물고기	
240	**동물**	동물	

1週目
2週目
3週目
4週目

□ 241 **나라** ナラ	国	나라
□ 242 **일본** イルボン	日本 漢日本	일본
□ 243 **한국** ハングク	韓国 漢韓国	한국
□ 244 **조선** チョソン	朝鮮 漢朝鮮	조선
□ 245-4 **미국** ミグク	アメリカ 漢美国	미국
□ 246 **중국**❗ チュングク	中国 漢中国	중국
□ 247 **우리나라** ウリナラ	わが国	우리나라
□ 248 **외국** ウェグク	外国 漢外国	외국

 解説　246 ハングル検定では級外ですが、取り上げました。

어느 **나라**에서 오셨어요?

オヌ ナラエソ
どこの国から

오셔써요
オショッソヨ
いらっしゃいましたか?

어느 나라에서 오셨어요?

일본에 와 봤어요?

일보네
イルボネ
日本に

와 봐써요
ワ ボァッソヨ
来たことがありますか?

일본에 와 봤어요?

한국에서도 휴대폰이 통해요.

한구게서도
ハングゲソド
韓国でも

휴대포니
ヒュデポニ
携帯電話が

トンヘヨ
つながります。

한국에서도 휴대폰이 통해요.

조선 시대 왕과 왕비.

チョソン シデ
朝鮮時代の

ワングァ
王と

ワンビ
王妃。

조선 시대 왕과 왕비.

일 년에 두 번 **미국**에 가요.

일 려네
イル リョネ
1年に

トゥ ボン
2回

미구게
ミグゲ
アメリカに

カヨ
行きます。

일 년에 두 번 미국에 가요.

다음 주에 **중국**에 가요.

다음 쭈에
タウム チュエ
来週に

중구게
チュングゲ
中国に

カヨ
行きます。

다음 주에 중국에 가요.

우리나라 음식이 맛있지요?

ウリナラ
わが国(韓国)の

음시기
ウムシギ
食べ物が

마싣찌요
マシッチヨ
おいしいでしょう?

우리나라 음식이 맛있지요?

외국에서 살고 싶어요.

외구게서
ウェグゲソ
外国で

살고 시퍼요
サルゴ シポヨ
暮らしたいです。

외국에서 살고 싶어요.

解説　242 와 봤어요?는、오다に経験を表す表現-아 봤어요?(〜してみましたか?、〜したことがあります?)
が付いた形です。247 맛있지요는、맛있다(おいしい)に確認を表す表現-지요(〜でしょう)が付いた形で
す。248 살고 싶어요는、살다(暮らす)に願望を表す表現-고 싶어요(〜したいです)が付いた形です。

□ 249
말
マル

言葉
動 말하다

말

□ 250
일본어
일보너
イルボノ

日本語
漢 日本語

일본어

□ 251
한국어
한구거
ハングゴ

韓国語
漢 韓国語

한국어

□ 252
영어
ヨンオ

英語
漢 英語

영어

□ 253
글
クル

文
文章、文字

글

□ 254
한글
ハングル

ハングル

한글

□ 255
단어
다너
タノ

単語
漢 単語

단어

□ 256-3
문법
문뻡
ムンポプ

文法
漢 文法

문법

말이 많은 남자. ❶

마리 마는 남자
マリ マヌン ナムジャ
口数の 多い 男。

말이 많은 남자.

일본어로 무슨 뜻이에요?

일보너로 무슨 뜨시에요
イルボノロ ムスン トゥシエヨ
日本語で どういう意味ですか？

일본어로 무슨 뜻이에요?

한국어 발음이 어려워요.

한구거 바르미
ハングゴ パルミ オリョウォヨ
韓国語の 発音が 難しいです。

한국어 발음이 어려워요.

초등학교부터 영어를 배워요.

초등학꾜부터
チョドゥンハクキョブト ヨンオルル ペウォヨ
小学校から 英語を 習います。

초등학교부터 영어를 배워요.

글을 쓰는 일을 해요. ❶

그를 쓰는 니를
クルル スヌン ニルル ヘヨ
文章を 書く仕事を しています。

글을 쓰는 일을 해요.

한글로 써 보세요. ❶

한글로 소 보세요
ハングルロ ソ ボセヨ
ハングルで 書いてみてください。

한글로 써 보세요.

단어 공부를 해야 돼요. ❶

다너
タノ コンブルル ヘヤ ドェヨ
単語 学習を しないといけません。

단어 공부를 해야 돼요.

문법이 너무 어려워요.

문뻐비
ムンポビ ノム オリョウォヨ
文法が あまりにも 難しいです。

문법이 너무 어려워요.

解説 249 많은은、많다(多い)の現在連体形です。253 쓰는は쓰다(書く)の現在連体形です。254 써 보세요は、쓰다に試みを表す表現-어 보세요(〜してみてください)が付いた形です。255 해야 돼요は、하다(する)に義務や必要を表す表現-여야 돼요(〜しないといけません)が付いた形です。

意　味

241	**나라**	나라
242	**일본**	일본
243	**한국**	한국
244	**조선**	조선
245	**미국**	미국
246	**중국**	중국
247	**우리나라**	우리나라
248	**외국**	외국
249	**말**	말
250	**일본어**	일본어
251	**한국어**	한국어
252	**영어**	영어
253	**글**	글
254	**한글**	한글
255	**단어**	단어
256	**문법**	문법

))) 38

□ 257
몸
モム
体 몸

□ 258
키
キ
身長
背
키

□ 259
머리
モリ
頭 머리

□ 260
얼굴
オルグル
顔 얼굴

□ 261
눈¹
ヌン
目 눈

□ 262
귀
クィ
耳 귀

□ 263
코
コ
鼻 코

□ 264
입
イプ
口 입

몸이 힘들어요.

몸이 힘들어요.

모미 モミ	힘드러요 ヒムドゥロヨ
体が	つらいです。

키가 갑자기 컸어요.

키가 갑자기 컸어요.

キガ	갑짜기 カプチャギ	커써요 コッソヨ
背が	急に	伸びました。

머리가 아파요.

머리가 아파요.

모리가 モリガ	아파요 アパヨ
頭が	痛いです。

얼굴만 알아요.

얼굴만 알아요.

오르굴만 オルグルマン	아라요 アラヨ
顔だけ	知っています。

눈이 나빠서 안경을 써요.

눈이 나빠서 안경을 써요.

누니 ヌニ	ナッパソ	アンギョンウル	ソヨ
目が	悪くて	眼鏡を	かけます。

귀에 물이 들어갔어요.

귀에 물이 들어갔어요.

クィエ	무리 ムリ	드러가써요 トゥロガッソヨ
耳に	水が	入りました。

코에서 피가 났어요.

코에서 피가 났어요.

コエソ	ピガ	나써요 ナッソヨ
鼻から	血が	出ました。

그 남자가 **입**을 열었어요.

그 남자가 입을 열었어요.

クナムジャガ	이블 イブル	여러써요 ヨロッソヨ
彼が	口を	開きました。

解説　261 나빠서は、나쁘다(悪い)に理由を表す語尾-어서(〜なので)が付いた形です。

□ 265
가슴 胸 가슴
カスム

□ 266
마음 心 마음
マウム

□ 267
팔² 腕 팔
パル

□ 268
손 手 손
ソン

□ 269
배 腹 배
ペ

□ 270
허리 腰 허리
ホリ

□ 271
다리 脚_足 다리
タリ

□ 272
발 足 발
パル

가슴이 떨려요.

가슴이 떨려요.

가스미 카스미	트ルリョヨ
胸が	震えます。

제 **마음**을 알아 주세요. ❗

제 마음을 알아 주세요.

チェ	마으믈 マウムル	아라 주세요 アラ ジュセヨ
私の	気持ちを	分かってください。

두 **팔**을 앞으로 펴세요.

두 팔을 앞으로 펴세요.

두 파를 トゥ パルル	아프로 アプロ	ピョセヨ
両腕を	前に	広げてください。

손이 차가워요.

손이 차가워요.

소니 ソニ	チャガウォヨ
手が	冷たいです。

요즘 **배**가 나왔어요.

요즘 배가 나왔어요.

ヨジュム	ペガ	나와써요 ナワッソヨ
最近	お腹が	出ました。

허리를 다쳤어요.

허리를 다쳤어요.

ホリルル	다처써요 タチョッソヨ
腰を	けがしました。

길고 예쁜 **다리**. ❗

길고 예쁜 다리.

キルゴ	イェップン	タリ
長くて	きれいな	脚。

발도 크고 손도 커요. ❗

발도 크고 손도 커요.

パルド	クゴ	ソンド	コヨ
足も	大きく、	手も	大きいです。

解説　266 알아 주세요は、알다(分かる)に依頼を表す表現-아 주세요(～してください)が付いた形です。271 예쁜は、形容詞예쁘다の現在連体形です。272 크고は、크다(大きい)に羅列を表す語尾-고(～で)が付いた形です。

143

意　味

257	**몸**	몸
258	**키**	키
259	**머리**	머리
260	**얼굴**	얼굴
261	**눈**¹	눈
262	**귀**	귀
263	**코**	코
264	**입**	입
265	**가슴**	가슴
266	**마음**	마음
267	**팔**²	팔
268	**손**	손
269	**배**	배
270	**허리**	허리
271	**다리**	다리
272	**발**	발

□ 273
집
チプ

家
家庭、店

집

□ 274
아파트❶
アパトゥ

マンション
アパート、団地
外 apart(ment)

아파트

□ 275
방
パン

部屋
漢 房

방

□ 276
문
ムン

ドア
門
漢 門

문

□ 277
화장실
ファジャンシル

トイレ
化粧室
漢 化粧室

화장실

□ 278
책상
책쌍
チェクサン

机
漢 冊床

책상

□ 279
의자
ウイジャ

いす
漢 椅子

의자

□ 280
회사
フェサ

会社
漢 会社

회사

解説　274 아파트は日本語のアパートと言葉の由来は同じですが、日本のマンションに相当します。

집에서 인터넷 쇼핑해요.

지베서
チベソ　　イントネッ　　ショピンヘヨ
家で　　　ネット　　　ショッピングします。

집에서 인터넷 쇼핑해요.

아파트 팔 층에 살아요. ❶

アパトゥ　　パル チュンエ　　사라요
サラヨ
マンションの　8階に　　　住んでいます。

아파트 팔 층에 살아요.

방은 넓은데 추워요. ❶

널븐데
パンウン　ノルブンデ　　チュウォヨ
部屋は　　広いけど　　寒いです。

방은 넓은데 추워요.

문을 닫아 주세요.

무늘　　다다 주세요
ムヌル　タダ ジュセヨ
ドアを　閉めてください。

문을 닫아 주세요.

화장실 좀　　쓸게요. ❶

쓸께요
ファジャンシル　ジョム　スルケヨ
トイレを　　　ちょっと　借り(使い)ます。

화장실 좀 쓸게요.

이 **책상** 좀　　들어요.

이 책쌍　　　　드러요
イ チェクサン　ジョム　トゥロヨ
この机、　　ちょっと　持ってください。

이 책상 좀 들어요.

의자가 모자라요.

ウイジャガ　モジャラヨ
いすが　　足りません。

의자가 모자라요.

남편은 **회사**밖에 몰라요.

남펴는　　회사바께
ナムピョヌン　フェサバッケ　モルラヨ
夫は　　会社しか　　　知りません。

남편은 회사밖에 몰라요.

解説　274 助数詞の층(～階)には漢数詞を使います。275 넓은데は、넓다(広い)に逆接を表す語尾-은데(～けど)が付いた形です。277 쓸게요は、쓰다(使う)に意志を表す表現-ㄹ게요(～します)が付いた形です。

147

□ 281
호텔
ホテル

ホテル
外hotel

호텔

□ 282
가게
カゲ

店

가게

□ 283
식당
식땅
シクタン

食堂
漢食堂

식당

□ 284
시장
シジャン

市場
マーケット
漢市場

시장

□ 285
은행
으냉
ウネン

銀行
漢銀行

은행

□ 286
우체국
ウチェグク

郵便局
漢郵遞局

우체국

□ 287
길
キル

道

길

□ 288
손님
ソンニム

お客さん

손님

호텔에서 하룻밤 자요.

호테레서 ホテレソ	하룻빰 ハルッパム	チャヨ
ホテルで	一晩	寝ます。

호텔에서 하룻밤 자요.

저 가게는 무슨 가게인가요?❶

チョ カゲヌン	ムスン カゲインガヨ
あの店は	何の店ですか？

저 가게는 무슨 가게인가요?

식당을 찾고 있어요.❶

식땅을 シクタンウル	찾꼬 이써요 チャッコ イッソヨ
食堂を	探しています。

식당을 찾고 있어요.

시장 물건은 싸고 좋아요.

シジャン	물거는 ムルゴヌン	サゴ	조아요 チョアヨ
市場の	物は	安くて	いいです。

시장 물건은 싸고 좋아요.

은행에서 돈을 찾아올게요.❶

으냉에서 ウネンエソ	도늘 トヌル	차자올께요 チャジャオルケヨ
銀行で	お金を	下ろしてきます。

은행에서 돈을 찾아올게요.

우체국을 찾고 있어요.

우체구글 ウチェググル	찾꼬 이써요 チャッコ イッソヨ
郵便局を	探しています。

우체국을 찾고 있어요.

길이 좁아요.

기리 キリ	조바요 チョバヨ
道が	狭いです。

길이 좁아요.

손님이 와 계세요.❶

손니미 ソンニミ	와 게세요 ワ ゲセヨ
お客さまが	いらしています。

손님이 와 계세요.

解説　282 인가요는、이다(〜だ)に疑問を表す表現-ㄴ가요(〜でしょうか)が付いた形です。283 찾고 있어요는、찾다(探す)に進行を表す表現-고 있어요(〜しています)が付いた形です。285 찾아올게요는、찾아오다(下ろしてくる)に意志を表す表現-ㄹ게요(〜します)が付いた形です。288 와 계세요는와 있어요(来ています)の敬語表現です。

149

意　味

273	**집**	집
274	**아파트**	아파트
275	**방**	방
276	**문**	문
277	**화장실**	화장실
278	**책상**	책상
279	**의자**	의자
280	**회사**	회사
281	**호텔**	호텔
282	**가게**	가게
283	**식당**	식당
284	**시장**	시장
285	**은행**	은행
286	**우체국**	우체국
287	**길**	길
288	**손님**	손님

□ 289
부탁하다

お願いする
依頼する
漢 付託--
名 부탁

부탁카다
プタカダ

부탁해요
부타캐요
プタケヨ

하用言 부탁하다 – 부탁해요 – 부탁했어요 – 부탁하세요

□ 290
주다

あげる
くれる、与える

チュダ

줘요
チュォヨ

正 주다 – 줘요 – 줬어요 – 주세요

□ 291
보내다

送る
届ける、過ごす

ポネダ

보내요
ポネヨ

正 보내다 – 보내요 – 보냈어요 – 보내세요

□ 292
받다

もらう
受ける、受け取る

받따
パッタ

받아요
바다요
パダヨ

正 받다 – 받아요 – 받았어요 – 받으세요

□ 293
가지다

持つ

カジダ

가져요
가저요
カジョヨ

正 가지다 – 가져요 – 가졌어요 – 가지세요

□ 294-4
들다¹

持つ
持ち上げる、食べる、
いただく

トゥルダ

들어요
드러요
トゥロヨ

ㄹ語幹 들다 – 들어요 – 들었어요 – 드세요

□ 295-4
잡다

つかむ
握る、つかまえる

잡따
チャプタ

잡아요
자바요
チャバヨ

正 잡다 – 잡아요 – 잡았어요 – 잡으세요

□ 296-4
버리다

捨てる

ポリダ

버려요
ポリョヨ

正 버리다 – 버려요 – 버렸어요 – 버리세요

부탁할 게 있어요. ❶

부탁칼 께 | 이써요
プタカル ケ | イッソヨ
お願いが | あります。

부탁할 게 있어요.

나도 **주세요**.

ナド | チュセヨ
私にも | ください。

나도 주세요.

유미한테 문자를 **보냈어요**. ❶

문짜를 | 보내써요
ユミハンテ | ムンチャルル | ポネッソヨ
ユミに | 携帯メールを | 送りました。

유미한테 문자를 보냈어요.

생일 선물을 **받았어요**.

선무를 | 바다써요
センイル | ソンムルル | パダッソヨ
誕生日 | プレゼントを | もらいました。

생일 선물을 받았어요.

돈은 **가지고** 있어요? ❶

도는 | 가지고 이써요
トヌン | カジゴ イッソヨ
お金は | 持っていますか?

돈은 가지고 있어요?

가방을 **들고** 오세요. ❶

カバンウル | トゥルゴ | オセヨ
かばんを | 持って | きてください。

가방을 들고 오세요.

손을 **잡고** 걸어요. ❶

소늘 | 잡꼬 | 거러요
ソヌル | チャプコ | コロヨ
手を | 握って | 歩きます。

손을 잡고 걸어요.

담배는 여기에 **버리세요**.

タムベヌン | ヨギエ | ポリセヨ
たばこは | ここに | 捨ててください。

담배는 여기에 버리세요.

解説　289 게는、것이(ことが・ものが)の口語形です。291 문자は直訳すると「文字」です。293 가지고 있어요는、가지다に進行を表す表現-고 있어요(〜しています)が付いた形です。294 들고는、들다に状態の維持を表す語尾-고(〜して)が付いた形です。295 잡고는、잡다に状態の維持を表す語尾-고(〜して)が付いた形です。

□ **297**
놓다
노타
ノタ

置く
(手を)放す

놓아요
노아요
ノアヨ

正 놓다 – 놓아요 – 놓았어요 – 놓으세요

□ **298**
세우다
セウダ

立てる
建てる、(車を)止める

세워요
セウォヨ

正 세우다 – 세워요 – 세웠어요 – 세우세요

□ **299**
열다
ヨルダ

開ける
開く、始める

열어요
여러요
ヨロヨ

ㄹ語幹 열다 – 열어요 – 열었어요 – 여세요

□ **300**
닫다
닫따
タッタ

閉める

닫아요
다다요
タダヨ

正 닫다 – 닫아요 – 닫았어요 – 닫으세요

□ **301**
넣다
너타
ノタ

入れる

넣어요
너어요
ノオヨ

正 넣다 – 넣어요 – 넣었어요 – 넣으세요

□ **302**
내다
ネダ

出す

내요
ネヨ

正 내다 – 내요 – 냈어요 – 내세요

□ **303**
쓰다³
スダ

使う

써요
ソヨ

으語幹 쓰다 – 써요 – 썼어요 – 쓰세요

□ **304**
찍다
찍따
チクタ

(写真を)撮る
(はんこを)押す、(液体や粉などを)つける

찍어요
찌거요
チゴヨ

正 찍다 – 찍어요 – 찍었어요 – 찍으세요

지갑을 **놓고** 왔어요. ❶

지갑을 놓고 왔어요.

지가블 チガブル	노코 ノコ	와써요 ワッソヨ
財布を	置いて	きました。

내년 계획을 **세워요**.

내년 계획을 세워요.

ネニョン	게회글 ケフェグル	세워요 セウォヨ
来年の	計画を	立てます。

문을 **열어요**.

문을 열어요.

무늘 ムヌル	여러요 ヨロヨ
戸を	開けてください。

창문을 **닫을까요?** ❶

창문을 닫을까요?

창무늘 チャンムヌル	다들까요 タドゥルカヨ
窓を	閉めましょうか？

눈에 **넣어도** 안 아파요. ❶

눈에 넣어도 안 아파요.

누네 ヌネ	너어도 ノオド	아 나파요 ア ナパヨ
目に	入れても	痛くありません。

오늘은 제가 **낼게요**. ❶

오늘은 제가 낼게요.

오느른 オヌルン	チェガ	낼께요 ネルケヨ
今日は	私が	出します。

돈을 다 **썼어요**.

돈을 다 썼어요.

도늘 トヌル	タ	써써요 ソッソヨ
お金を	全部	使いました。

같이 사진 **찍어** 주세요.

같이 사진 찍어 주세요.

가치 カチ	サジン	찌거 주세요 チゴ ジュセヨ
一緒に	写真	撮ってください。

297 놓고は、놓다 に状態の維持を表す語尾-고（〜して）が付いた形です。300 닫을까요は、닫다に相手の意向を尋ねる表現-을까요（〜しましょうか）が付いた形です。301 넣어도は、넣다に仮定を表す語尾-어도（〜しても）が付いた形です。302 낼게요は、내다に意志を表す語尾-ㄹ게요（〜します）が付いた形です。

意 味

289	**부탁하다**	부탁해요		
290	**주다**	줘요		
291	**보내다**	보내요		
292	**받다**	받아요		
293	**가지다**	가져요		
294	**들다**¹	들어요		
295	**잡다**	잡아요		
296	**버리다**	버려요		
297	**놓다**	놓아요		
298	**세우다**	세워요		
299	**열다**	열어요		
300	**닫다**	닫아요		
301	**넣다**	넣어요		
302	**내다**	내요		
303	**쓰다**³	써요		
304	**찍다**	찍어요		

□ 305 크다

クダ

大きい

커요
コヨ

으語幹 크다 – 커요 – 컸어요 – 크세요

□ 306 작다

작따
チャクタ

小さい

작아요
자가요
チャガヨ

正 작다 – 작아요 – 작았어요 – 작으세요

□ 307 높다

놉따
ノプタ

高い
副높이

높아요
노파요
ノパヨ

正 높다 – 높아요 – 높았어요 – 높으세요

□ 308 낮다

낟따
ナッタ

低い

낮아요
나자요
ナジャヨ

正 낮다 – 낮아요 – 낮았어요 – 낮으세요

□ 309 길다

キルダ

長い

길어요
기러요
キロヨ

ㄹ語幹 길다 – 길어요 – 길었어요 – 기세요

□ 310 짧다

짤따
チャルタ

短い
足りない、浅い

짧아요
짤바요
チャルバヨ

正 짧다 – 짧아요 – 짧았어요 – 짧으세요

□ 311 어렵다

어렵따
オリョプタ

難しい
貧しい

어려워요
オリョウォヨ

ㅂ変 어렵다 – 어려워요 – 어려웠어요 – 어려우세요

□ 312 쉽다

쉽따
シュィプタ

易しい
副쉬이

쉬워요
シュィウォヨ

ㅂ変 쉽다 – 쉬워요 – 쉬웠어요 – 쉬우세요

DATE　　年　月　日

1週目
2週目
3週目
4週目

음악 소리가 너무 **커요**.

음악 소리가 너무 커요.

| 으막 ウマク | 쏘리가 ソリガ | ノム | コヨ |
| 音楽の | 音が | とても | 大きいです。 |

동생보다 키가 **작아요**.

동생보다 키가 작아요.

| トンセンボダ | キガ | 자가요 チャガヨ |
| 弟／妹より | 背が | 低いです。 |

하늘이 **높아요**.

하늘이 높아요.

| 하느리 ハヌリ | 노파요 ノパヨ |
| 空が | 高いです。 |

낮은 소리로 말해요.❶

낮은 소리로 말해요.

| 나즌 ナジュン | ソリロ | 마래요 マレヨ |
| 低い | 声で | 言います。 |

여동생은 머리가 **길어요**.

여동생은 머리가 길어요.

| ヨドンセンウン | モリガ | 기러요 キロヨ |
| 妹は | 髪が | 長いです。 |

다리가 **짧고** 머리가 **커요**.❶

다리가 짧고 머리가 커요.

| タリガ | 짤꼬 チャルコ | モリガ | コヨ |
| 足が | 短くて | 頭が | 大きいです。 |

한국어는 **어려워요**.

한국어는 어려워요.

| 한구거는 ハングゴヌン | オリョウォヨ |
| 韓国語は | 難しいです。 |

이번 시험은 **쉬웠나요**?❶

이번 시험은 쉬웠나요?

| イボン | 시허믄 シホムン | 쉬원나요 シュィウォンナヨ |
| 今回の | 試験は | 簡単でしたか？ |

解説　309 낮은は낮다の現在連体形です。310 짧고は、짧다に羅列を表す語尾-고(〜くて)が付いた形です。312 쉬웠나요は、쉽다に過去を表す接尾辞-었-と柔らかい印象を与える表現-나요(〜ですか)が付いた形です。

□ 313
멀다 遠い
副 멀리
モルダ
멀어요
머러요
モロヨ
ㄹ語幹 멀다 – 멀어요 – 멀었어요 – 머세요

□ 314
가깝다 近い
親しい
副 가까이
가깝따
カッカプタ
가까워요
カッカウォヨ
ㅂ変 가깝다 – 가까워요 – 가까웠어요 – 가까우세요

□ 315
덥다 暑い
덥따
トプタ
더워요
トウォヨ
ㅂ変 덥다 – 더워요 – 더웠어요 – 더우세요

□ 316
춥다 寒い
춥따
チュプタ
추워요
チュウォヨ
ㅂ変 춥다 – 추워요 – 추웠어요 – 추우세요

□ 317
차다 冷たい
チャダ
차요
チャヨ
正 차다 – 차요 – 찼어요 – 차세요

□ 318
많다 多い
副 많이
만타
マンタ
많아요
마나요
マナヨ
正 많다 – 많아요 – 많았어요 – 많으세요

□ 319
같다 同じだ
等しい
副 같이
갇따
カッタ
같아요
가타요
カタヨ
正 같다 – 같아요 – 같았어요 – 같으세요

□ 320
늦다 遅い
늗따
ヌッタ
늦어요
느저요
ヌジョヨ
正 늦다 – 늦어요 – 늦었어요 – 늦으세요

학교와 집이 너무 **멀어요.**

학교와 ハクキョワ	지비 チビ	ノム	머러요 モロヨ
学校と	家が	とても	遠いです。

학교와 집이 너무 멀어요.

전철역에서 **가까워요.** ❶

전철려게서 チョンチョルリョゲソ	カッカウォヨ
電車の駅から	近いです。

전철역에서 가까워요.

일본의 팔월은 **더워요.** ❶

일보네 イルボネ	파뤄른 パルォルン	트워요 トゥォヨ
日本の	8月は	暑いです。

일본의 팔월은 더워요.

방이 너무 **추워요.**

パンイ	ノム	チュウォヨ
部屋が	あまりにも	寒いです。

방이 너무 추워요.

손이 너무 **차요.**

소니 ソニ	ノム	チャヨ
手が	とても	冷たいです。

손이 너무 차요.

일이 너무 **많아요.**

이리 イリ	ノム	마나요 マナヨ
仕事が	とても	多いです(多すぎます)。

일이 너무 많아요.

저와 나이가 **같네요.** ❶

チョワ	ナイガ	간네요 カンネヨ
私と	年が	同じですね。

저와 나이가 같네요.

늦은 점심. ❶

느즌 ヌジュン	チョムシム
遅い	昼食。

늦은 점심.

解説 314 전철역에서는、ㄴ挿入と流音化が起こり[전철려게서]と発音します。315 일본의の의は[에]と発音されます。319 같네요は、같다(同じ)に発見や感嘆のニュアンスを含む表現-네요(〜ですね)が付いた形です。320 늦은は늦다の現在連体形。

意味

305	**크다**	커요
306	**작다**	작아요
307	**높다**	높아요
308	**낮다**	낮아요
309	**길다**	길어요
310	**짧다**	짧아요
311	**어렵다**	어려워요
312	**쉽다**	쉬워요
313	**멀다**	멀어요
314	**가깝다**	가까워요
315	**덥다**	더워요
316	**춥다**	추워요
317	**차다**	차요
318	**많다**	많아요
319	**같다**	같아요
320	**늦다**	늦어요

□ 321
안¹
アン

〈否定〉
～しない
～(では)ない

안

□ 322
못
몯
モッ

〈不可能〉
～できない

못

□ 323
매일
メイル

毎日
漢**毎日**

매일

□ 324-4
이제
イジェ

今は
もう、もうすぐ、すでに

이제

□ 325
언제나
オンジェナ

いつも
しょっちゅう

언제나

□ 326-4
아직
アジク

まだ

아직

□ 327
먼저
モンジョ

先に
まず、前もって

먼저

□ 328
빨리
パルリ

速く
早く

빨리

어머니는 집에 **안** 계세요. ❶

지베
チベ

안 게세요
アン ゲセヨ

オモニヌン

お母さんは　　家に　　いらっしゃいません。

이번 주말에는 **못** 가요.

이번 쭈마레는
イボン チュマレヌン

몯 까요
モッ カヨ

今週末には　　　　行けません。

매일 아침에 신문을 읽어요.

メイル　アチメ

신무늘
シンムヌル

일거요
イルゴヨ

毎日　朝に　新聞を　読みます。

이제 잘 들리세요?

イジェ　チャル　トゥルリセヨ

今は　よく　聞こえますか？

언제나 열심히 일해요.

オンジェナ

열씨미
ヨルシミ

이래요
イレヨ

いつも　一生懸命　仕事します。

아직 연락이 없어요. ❶

アジク

열라기
ヨルラギ

업써요
オプソヨ

まだ　連絡が　ありません。

먼저 가세요.

モンジョ　カセヨ

先に　行ってください。

아저씨, **빨리** 가 주세요. ❶

アジョッシ　パルリ　カ ジュセヨ

おじさん、　早く　行ってください。

解説 321 안 계세요は없어요(いません)の敬語表現です。326 연락이는、流音化と連音化が起こり[열라기]と発音されます。328 가 주세요は、가다(行く)に依頼を表す表現 -아 주세요(～してください)が付いた形です。

165

| □ 329 **곧** | すぐに | 곧 |
| コッ | すなわち、つまり | |

| □ 330 **천천히** | ゆっくりと | 천천히 |
| 천처니
チョンチョニ | | |

| □ 331-4 **바로** | 真っすぐに | 바로 |
| パロ | 正しく、すぐ | |

| □ 332 **다시** | もう一度 | 다시 |
| タシ | 再度、再び | |

| □ 333 **잘** | よく | 잘 |
| チャル | | |

| □ 334 **정말** | 本当に | 정말 |
| チョンマル | 本当
漢正- | |

| □ 335-4 **함께** | 一緒に | 함께 |
| ハムケ | 共に
動함께하다 | |

| □ 336 **같이** | 一緒に | 같이 |
| 가치
カチ | 同様に、共に | |

곧 도착해요.
コッ
도차캐요
トチャケヨ
すぐ　到着します。

곧 도착해요.

천천히 말해 주세요.
천처니
チョンチョニ
마래 주세요
マレ ジュセヨ
ゆっくり　話してください。

천천히 말해 주세요.

책상에 **바로** 앉으세요.
책쌍에
チェクサンエ
バロ
안즈세요
アンジュセヨ
机に　　真っすぐに　座ってください。

책상에 바로 앉으세요.

다시 시작하고 싶어요.
タシ
시자카고 시퍼요
シジャカゴ シポヨ
もう一度　やり直し(始め)たいです。

다시 시작하고 싶어요.

잘 모르겠어요. ❶
チャル
모르게써요
モルゲッソヨ
よく　分かりません。

잘 모르겠어요.

정말요? ❶
정말료
チョンマルリョ
本当にですか？

정말요?

우리와 함께 가요.
ウリワ
ハムケ
カヨ
私たちと　一緒に　行きましょう。

우리와 함께 가요.

같이 가시죠. ❶
가치
カチ
가시조
カシジョ
一緒に　行きましょう。

같이 가시죠.

解説　333 모르겠어요は、모르다(分からない)に、考えをえん曲に述べる接尾辞-겠-と終結語尾-어요が含まれた形です。334 요は口調を丁寧にする助詞です。정말요は、ㄴ挿入と流音化が起こり[정말료]と発音されます。336 가시죠は、가다(行く)に提案を表す敬語の表現-시죠(〜しましょう)が付いた形です。

167

意　味

321	**안**[1]	안
322	**못**	못
323	**매일**	매일
324	**이제**	이제
325	**언제나**	언제나
326	**아직**	아직
327	**먼저**	먼저
328	**빨리**	빨리
329	**곧**	곧
330	**천천히**	천천히
331	**바로**	바로
332	**다시**	다시
333	**잘**	잘
334	**정말**	정말
335	**함께**	함께
336	**같이**	같이

	基本形	ヘヨ体現在	ヘヨ体過去	ヘヨ体現在尊敬
□ 289	**부탁하다** 하用言 부타카다	부탁해요 부타캐요	부탁했어요 부타캐써요	부탁하세요 부타카세요
□ 290	**주다**	줘요	줬어요 줬써요	주세요
□ 291	**보내다**	보내요	보냈어요 보내써요	보내세요
□ 292	**받다** 받따	받아요 바다요	받았어요 바다써요	받으세요 바드세요
□ 293	**가지다**	가져요 가저요	가졌어요 가저써요	가지세요
□ 294	**들다**¹ ㄹ語幹	들어요 드러요	들었어요 드러써요	드세요
□ 295	**잡다** 잡따	잡아요 자바요	잡았어요 자바써요	잡으세요 자브세요
□ 296	**버리다**	버려요	버렸어요 버려써요	버리세요
□ 297	**놓다** 노타	놓아요 노아요	놓았어요 노아써요	놓으세요 노으세요
□ 298	**세우다**	세워요	세웠어요 세워써요	세우세요
□ 299	**열다** ㄹ語幹	열어요 여러요	열었어요 여러써요	여세요
□ 300	**닫다** 닫따	닫아요 다다요	닫았어요 다다써요	닫으세요 다드세요
□ 301	**넣다** 너타	넣어요 너어요	넣었어요 너어써요	넣으세요 너으세요
□ 302	**내다**	내요	냈어요 내써요	내세요
□ 303	**쓰다**³ 으語幹	써요	썼어요 써써요	쓰세요
□ 304	**찍다** 찍따	찍어요 찌거요	찍었어요 찌거써요	찍으세요 찌그세요

	基本形		ヘヨ体現在	ヘヨ体過去	ヘヨ体現在尊敬
☐ 305	**크다**	ㅇ語幹	커요	컸어요 커써요	크세요
☐ 306	**작다** 작따		작아요 자가요	작았어요 자가써요	작으세요 자그세요
☐ 307	**높다** 놉따		높아요 노파요	높았어요 노파써요	높으세요 노프세요
☐ 308	**낮다** 낟따		낮아요 나자요	낮았어요 나자써요	낮으세요 나즈세요
☐ 309	**길다**	ㄹ語幹	길어요 기러요	길었어요 기러써요	기세요
☐ 310	**짧다** 짤따		짧아요 짤바요	짧았어요 짤바써요	짧으세요 짤브세요
☐ 311	**어렵다** 어렵따	ㅂ変則	어려워요	어려웠어요 어려워써요	어려우세요
☐ 312	**쉽다** 쉽따	ㅂ変則	쉬워요	쉬웠어요 쉬워써요	쉬우세요
☐ 313	**멀다** 	ㄹ語幹	멀어요 머러요	멀었어요 머러써요	머세요
☐ 314	**가깝다** 가깝따	ㅂ変則	가까워요	가까웠어요 가까워써요	가까우세요
☐ 315	**덥다** 덥따	ㅂ変則	더워요	더웠어요 더워써요	더우세요
☐ 316	**춥다** 춥따	ㅂ変則	추워요	추웠어요 추워써요	추우세요
☐ 317	**차다**		차요	찼어요 차써요	차세요
☐ 318	**많다** 만타		많아요 마나요	많았어요 마나써요	많으세요 마느세요
☐ 319	**같다** 같따		같아요 가타요	같았어요 가타써요	같으세요 가트세요
☐ 320	**늦다** 늗따		늦어요 느저요	늦었어요 느저써요	늦으세요 느즈세요

	意 味		意 味
☐ 225 물		☐ 241 나라	
☐ 226 술		☐ 242 일본	
☐ 227 주스		☐ 243 한국	
☐ 228 커피		☐ 244 조선	
☐ 229 차¹		☐ 245 미국	
☐ 230 우유		☐ 246 중국	
☐ 231 설탕		☐ 247 우리나라	
☐ 232 소금		☐ 248 외국	
☐ 233 개²		☐ 249 말	
☐ 234 고양이		☐ 250 일본어 일보너	
☐ 235 소		☐ 251 한국어 한구거	
☐ 236 돼지		☐ 252 영어	
☐ 237 새		☐ 253 글	
☐ 238 닭 닥		☐ 254 한글	
☐ 239 물고기 물꼬기		☐ 255 단어 다너	
☐ 240 동물		☐ 256 문법 문뻡	

意 味

意 味

☐ 257	**몸**		☐ 273	**집**
☐ 258	**키**		☐ 274	**아파트**
☐ 259	**머리**		☐ 275	**방**
☐ 260	**얼굴**		☐ 276	**문**
☐ 261	**눈**¹		☐ 277	**화장실**
☐ 262	**귀**		☐ 278	**책상** 책쌍
☐ 263	**코**		☐ 279	**의자**
☐ 264	**입**		☐ 280	**회사**
☐ 265	**가슴**		☐ 281	**호텔**
☐ 266	**마음**		☐ 282	**가게**
☐ 267	**팔**²		☐ 283	**식당** 식땅
☐ 268	**손**		☐ 284	**시장**
☐ 269	**배**		☐ 285	**은행** 으냉
☐ 270	**허리**		☐ 286	**우체국**
☐ 271	**다리**		☐ 287	**길**
☐ 272	**발**		☐ 288	**손님**

意　味　　　　　　　　　　　　　　　意　味

☐ 289 **부탁하다**
부타카다

☐ 305 **크다**

☐ 290 **주다**

☐ 306 **작다**
작따

☐ 291 **보내다**

☐ 307 **높다**
놉따

☐ 292 **받다**
받따

☐ 308 **낮다**
낟따

☐ 293 **가지다**

☐ 309 **길다**

☐ 294 **들다**¹

☐ 310 **짧다**
짤따

☐ 295 **잡다**
잡따

☐ 311 **어렵다**
어렵따

☐ 296 **버리다**

☐ 312 **쉽다**
쉽따

☐ 297 **놓다**
노타

☐ 313 **멀다**

☐ 298 **세우다**

☐ 314 **가깝다**
가깝따

☐ 299 **열다**

☐ 315 **덥다**
덥따

☐ 300 **닫다**
닫따

☐ 316 **춥다**
춥따

☐ 301 **넣다**
너타

☐ 317 **차다**

☐ 302 **내다**

☐ 318 **많다**
만타

☐ 303 **쓰다**³

☐ 319 **같다**
갇따

☐ 304 **찍다**
찍따

☐ 320 **늦다**
늗따

意　味

☐ 321　**안**[1]

☐ 322　**못**
못

☐ 323　**매일**

☐ 324　**이제**

☐ 325　**언제나**

☐ 326　**아직**

☐ 327　**먼저**

☐ 328　**빨리**

☐ 329　**곧**

☐ 330　**천천히**
천처니

☐ 331　**바로**

☐ 332　**다시**

☐ 333　**잘**

☐ 334　**정말**

☐ 335　**함께**

☐ 336　**같이**
가치

例文で使われた新出項目を確認！

3週目で学んだ文法項目

3週目の例文に新たに出てきた文法項目をまとめました。確認してみましょう。

» 助詞

요	～です〈丁寧化の助詞〉	334
의	～の	315
한테	～に	291

» 語尾・表現

–겠–	～します〈考えを婉曲に述べる〉	333
–나요	～しますか・ですか	312
–는	～する…〈動詞の現在連体形〉	240 / 253
–지요	～しますよ、～しましょう、～ですよ、～でしょう	247
–ㄴ가요/–은가요	～でしょうか	282
–ㄴ데/–은데	～（だ）けど	275
–네요	～しますね・ですね	234 / 319
–ㄹ/–을	～する・（な）…〈未来連体形〉	289
–ㄹ게요/–을게요	～します〈意志・約束〉	277 / 285 / 30
–ㄹ래요/–을래요	～しませんか〈勧誘〉	229
–아야/–어야/–여야 돼요	～しなければいけません	255

178

4週目

もう4週目。ここまでくれば表現できることが大分増えたはずです。でもまだフリガナに頼っていませんか？　フリガナ読みでは正確な発音を表現できないので、なるべくハングルだけを見て、文を読むようにしてみましょう。なお、これまで繰り返し出てきた文法項目のいくつかは、この週では解説を割愛しました。

1
週目

2
週目

3
週目

4
週目

))) 50

□ 337 **책** チェク	本 漢冊	책
□ 338 **편지** ピョンジ	手紙 漢便紙	편지
□ 339 **종이** チョンイ	紙	종이
□ 340 **시계** 시게 シゲ	時計 漢時計	시계
□ 341 **가방** カバン	かばん	가방
□ 342 **우산** ウサン	傘 漢雨傘	우산
□ 343 **사진** サジン	写真 漢写真	사진
□ 344 **신문** シンムン	新聞 漢新聞	신문

책에서 읽었어요.

채게서 チェゲソ	일거써요 イルゴッソヨ
本で	読みました。

책에서 읽었어요.

편지를 보냈어요.

	보내써요 ポネッソヨ
ピョンジルル	
手紙を	送りました。

편지를 보냈어요.

종이로 꽃을 만들었어요.

	꼬츨 コチュル	만드러써요 マンドゥロッソヨ
チョンイロ		
紙で	花を	作りました。

종이로 꽃을 만들었어요.

시계가 비싸 보여요. ❶

시계가 シゲガ	ピッサ ボヨヨ
時計が	高そうです。

시계가 비싸 보여요.

가방이 무거워요.

カバンイ	ムゴウォヨ
かばんが	重いです。

가방이 무거워요.

우산을 같이 써요. ❶

우사늘 ウサヌル	가치 カチ	ソヨ
傘を	一緒に	差しましょう。

우산을 같이 써요.

사진 한 장 찍어 주세요.

		찌거 주세요 チゴ ジュセヨ
サジン	ハン ジャン	
写真	1枚	撮ってください。

사진 한 장 찍어 주세요.

신문도 안 읽으세요?

	아 닐그세요 ア ニルグセヨ
シンムンド	
新聞も	お読みにならないんですか？

신문도 안 읽으세요?

解説　340 비싸 보여요は、비싸다(高い)に推量や判断を表す表現-아 보여요(〜く見えます)が付いた形です。
342 같이は、口蓋音化が起こり[가치]と発音されます。

□ 345
옷
온
オッ

服

옷

□ 346
바지
パジ

ズボン

바지

□ 347
치마
チマ

スカート

치마

□ 348
속옷
소곧
ソゴッ

下着
肌着

속옷

□ 349
양말
ヤンマル

靴下
漢 洋襪

양말

□ 350
신발
シンバル

履き物
靴

신발

□ 351
구두❶
クドゥ

靴
革靴

구두

□ 352
안경
アンギョン

眼鏡
漢 眼鏡

안경

解説 351 **구두**は西洋式の革靴のことです。スニーカーなどは**신발**と呼びます。

백화점에서 옷을 살어요.

배콰저메서
페콰ジョメソ / ペクァジョメソ

오슬
オスル

사써요
サッソヨ

デパートで　服を　買いました。

백화점에서 옷을 살어요.

바지가 더 어울려요.

파지가 / パジガ

トト

오울리ョ / オウルリョヨ

ズボンが　もっと　似合います。

바지가 더 어울려요.

짧은 치마가 잘 어울려요.

짤븐
チャルブン

치마가
チマガ

찰
チャル

오울리ョ
オウルリョヨ

短い　スカートが　よく　似合います。

짧은 치마가 잘 어울려요.

속옷이 보여요.

소고시
ソゴシ

포ヨヨ

下着が　見えます。

속옷이 보여요.

검은 양말이 없어요.

거믄
コムン

양마리
ヤンマリ

업써요
オプソヨ

黒い　靴下が　ありません。

검은 양말이 없어요.

신발이 안 들어가요.

신바리
シンバリ

안 드러가요
アンドゥロガヨ

靴が　入りません。

신발이 안 들어가요.

구두 때문에 발이 아파요.

クドゥ

때무네
テムネ

바리
パリ

アパヨ

靴　のせいで　足が　痛いです。

구두 때문에 발이 아파요.

안경이 없으면 안 돼요. ❗

アンギョンイ

업쓰면
オプスミョン

アンデェヨ

眼鏡が　なければ　駄目です。

안경이 없으면 안 돼요.

解説　352 없으면 안 돼요は、없다(ない)に許容・許諾しないことを表す表現-으면 안 돼요(〜してはいけません)が付いた形です。

意 味

337	**책**	책	
338	**편지**	편지	
339	**종이**	종이	
340	**시계**	시계	
341	**가방**	가방	
342	**우산**	우산	
343	**사진**	사진	
344	**신문**	신문	
345	**옷**	옷	
346	**바지**	바지	
347	**치마**	치마	
348	**속옷**	속옷	
349	**양말**	양말	
350	**신발**	신발	
351	**구두**	구두	
352	**안경**	안경	

□ 353
학교
학꾜
ハクキョ

学校
漢学校

학교

□ 354
고등학교
고등학꾜
コドゥンハクキョ

高校
高等学校
漢高等学校

고등학교

□ 355
대학
テハク

大学
学部
漢大学

대학

□ 356
교실
キョシル

教室
漢教室

교실

□ 357
도서관
トソグァン

図書館
漢図書館

도서관

□ 358
수업
スオプ

授業
漢授業

수업

□ 359
공부
コンブ

勉強
漢工夫
動공부하다

공부

□ 360
학생
학쌩
ハクセン

学生
漢学生

학생

학교에서 늦게까지 공부해요. ❶
학교에서 늦게까지 공부해요.

학교에서
ハクキョエソ
学校で

늦게까지
ヌッケッカジ
遅くまで

공부해요
コンブヘヨ
勉強します。

고등학교 때 친구예요.
고등학교 때 친구예요.

고등학교
コドゥンハクキョ
高校の

때
テ
時の

친구예요
チングエヨ
友達です。

어느 대학을 나오셨어요?
어느 대학을 나오셨어요?

어느 대학글
オヌ デハグル
どちらの大学を

나오셔써요
ナオショッソヨ
出られましたか？

교실 안에서 기다려요.
교실 안에서 기다려요.

교시 라네서
キョシ ラネソ
教室の中で

기다려요
キダリョヨ
待っていてください。

도서관에서 책을 찾아요.
도서관에서 책을 찾아요.

도서과네서
トソグァネソ
図書館で

채글
チェグル
本を

차자요
チャジャヨ
探します。

수업이 네 시까지 있어요.
수업이 네 시까지 있어요.

수어비
スオビ
授業が

네 시까지
ネ シッカジ
4時まで

이써요
イッソヨ
あります。

공부 열심히 해요.
공부 열심히 해요.

공부
コンブ
勉強

열씨미
ヨルシミ
一生懸命

해요
ヘヨ
しています。

학생 때가 좋았어요.
학생 때가 좋았어요.

학쌩 때가
ハクセン テガ
学生の時が

조아써요
チョアッソヨ
よかったです。

解説　353 늦게까지は、늦다(遅い)の副詞形늦게(遅く)に助詞의까지(〜まで)が付いた形です。

□ 361
대학생 大学生
漢大学生
대학생
テハクセン

대학생

□ 362
선생님 先生
～さん
漢先生-
ソンセンニム

선생님

□ 363
교과서 教科書
漢教科書
キョグァソ

교과서

□ 364
노트 ノート
外note
ノトゥ

노트

□ 365
연필 鉛筆
漢鉛筆
ヨンピル

연필

□ 366
시험 試験
テスト
漢試験
シホム

시험

□ 367
문제 問題
漢問題
ムンジェ

문제

□ 368
숙제 宿題
漢宿題
숙쩨
スクチェ

숙제

대학생은 돈이 없어요.

대학생은　テハクセンウン
돈이　トニ
없어요　オプソヨ

大学生は　お金が　ありません。

대학생은 돈이 없어요.

선생님께 배우고 싶어요. ❗

선생님께　ソンセンニムケ
배우고 싶어요　ペウゴ シポヨ

先生から　習いたいです。

선생님께 배우고 싶어요.

교과서에 써 있어요. ❗

교과서에　キョグァソエ
써 이써요　ソ イッソヨ

教科書に　書いてあります。

교과서에 써 있어요.

노트에 쓰세요.

노트에　ノトゥエ
쓰세요　スセヨ

ノートに　書いてください。

노트에 쓰세요.

연필로 그린 그림. ❗

연필로　ヨンピルロ
그린　クリン
그림　クリム

鉛筆で　描いた　絵。

연필로 그린 그림.

시험 잘 봤어요? ❗

시험　シホム
잘　チャル
봐써요　ポァッソヨ

試験、　うまく　できましたか？

시험 잘 봤어요?

문제가 어려웠어요.

문제가　ムンジェガ
어려워써요　オリョウォッソヨ

問題が　難しかったです。

문제가 어려웠어요.

숙제도 안 하고 노네요.

숙쩨도　スクチェド
아 나고　アナゴ
노네요　ノネヨ

宿題も　しないで　遊んでいますね。

숙제도 안 하고 노네요.

解説 362 께는 에게(〜に)の尊敬語です。363 써 있어요는、쓰다(書く)に結果の継続を表す表現-어 있어요(〜しています)が付いた形です。365 그린은、그리다(描く)の過去連体形です。366「(시험을) 보다」は「(試験を)受ける」。「잘 보다」で「うまく受ける」、つまり「うまくできる」ということです。

意 味

353	**학교**	학교
354	**고등학교**	고등학교
355	**대학**	대학
356	**교실**	교실
357	**도서관**	도서관
358	**수업**	수업
359	**공부**	공부
360	**학생**	학생
361	**대학생**	대학생
362	**선생님**	선생님
363	**교과서**	교과서
364	**노트**	노트
365	**연필**	연필
366	**시험**	시험
367	**문제**	문제
368	**숙제**	숙제

□ 369
여행
ヨヘン

旅行
漢旅行
動여행하다

여행

□ 370
공항
コンハン

空港
漢空港

공항

□ 371
역
ヨク

駅
漢駅

역

□ 372
비행기
ピヘンギ

飛行機
漢飛行機

비행기

□ 373
전철
チョンチョル

電車
地下鉄
漢電鉄

전철

□ 374
기차
キチャ

汽車
列車
漢汽車

기차

□ 375
지하철
チハチョル

地下鉄
漢地下鉄

지하철

□ 376
차²
チャ

車
漢車

차

중국으로 **여행을** 가려고요. ❶

중구그로
チュンググロ　ヨヘンウル　カリョゴヨ
中国に　旅行に　行こうと。

중국으로 여행을 가려고요.

공항 버스는 어디서 서요?

공항 뻐스는
コンハン ポスヌン　オディソ　ソヨ
空港バスは　どこに　止まりますか？

공항 버스는 어디서 서요?

역 앞에 은행이 있어요.

여 가페
ヨ ガペ　ウネンイ　イッソヨ
駅前に　銀行が　あります。

역 앞에 은행이 있어요.

비행기는 빠르지만 비싸요. ❶

ピヘンギヌン　パルジマン　ピッサヨ
飛行機は　速いけど　高いです。

비행기는 빠르지만 비싸요.

전철로 갈 수 없어요? ❶

チョンチョルロ
カルス オプソヨ
電車では　行けませんか？

전철로 갈 수 없어요?

기차를 타고 가요.

キチャルル　タゴ　カヨ
汽車に　乗って　行きます。

기차를 타고 가요.

지하철역이 어디예요?

지하철려기
チハチョルリョギ　オディエヨ
地下鉄の駅は　どこですか？

지하철역이 어디예요?

차로 십오 분 걸려요.

시보 분
チャロ　シボ ブン　コルリョヨ
車で　15分　かかります。

차로 십오 분 걸려요.

解説　369 가려고요는、가다（行く）に意図を表す表現-려고요（〜しようと）が付いた形です。372 빠르지만는、빠르다（早い）に譲歩を表す語尾-지만（〜けど）が付いた形です。373 갈 수 없어요는가다に不可能を表す表現-ㄹ 수 없어요（〜できません）が付いた形です。

193

□ 377
버스
バス
外 bus

버스

뻐스 ❗
ポス

□ 378
택시
タクシー
外 taxi

택시

택씨
テクシ

□ 379
자리
席
場所、跡、地位

자리

チャリ

□ 380
병원
病院
漢 病院

병원

ピョンウォン

□ 381
병
病気
漢 病

병

ピョン

□ 382
감기
風邪
漢 感気

감기

カムギ

□ 383
의사
医師
漢 医師

의사

ウイサ

□ 384
약
薬
漢 薬

약

ヤク

解説　378 [버스]が標準の発音と定められていますが、現実的には[뻐스]と発音されています。

공항까지는 버스가 빨라요.

공항까지는 버스가 빨라요.

コンハンカジヌン　뻐스가 보스가　パルラヨ
空港までは　　バスが　　速いです。

택시를 타고 가세요.

택시를 타고 가세요.

택씨를 テクシルル　タゴ　カセヨ
タクシーに　乗って　行ってください。

자기 자리에 앉으세요.

자기 자리에 앉으세요.

チャギ　チャリエ　안즈세요 アンジュセヨ
自分の　席に　　座ってください。

아파서 병원에 갔어요.

아파서 병원에 갔어요.

アパソ　병워네 ピョンウォネ　가써요 カッソヨ
具合が悪くて　病院に　行きました。

병에 걸린 것 같아요. ❶

병에 걸린 것 같아요.

ピョンエ　걸린 걸 까타요 コルリン ゴッ カタヨ
病気に　なったようです。

감기약을 먹고 잤어요.

감기약을 먹고 잤어요.

감기야글 カムギヤグル　먹꼬 モクコ　자써요 チャッソヨ
風邪薬を　飲んで　寝ました。

의사가 쉬라고 했어요. ❶

의사가 쉬라고 했어요.

ウイサガ　シュィラゴ　해써요 ヘッソヨ
医者が　休めと　言いました。

하루에 세 번 약을 드세요.

하루에 세 번 약을 드세요.

ハルエ　セ ボン　야글 ヤグル　トゥセヨ
1日に　3回　薬を　飲んでください。

解説　381 걸린 것 같아요は、걸리다(かかる)に過去に対する推測の表現-ㄴ 것 같아요(〜したみたいです)が付いた形です。383 쉬라고 했어요は、쉬다(休む)に命令の伝聞を表す表現-라고 했어요(〜しろと言いました)が付いた形です。

意味

369	**여행**	여행	
370	**공항**	공항	
371	**역**	역	
372	**비행기**	비행기	
373	**전철**	전철	
374	**기차**	기차	
375	**지하철**	지하철	
376	**차²**	차	
377	**버스**	버스	
378	**택시**	택시	
379	**자리**	자리	
380	**병원**	병원	
381	**병**	병	
382	**감기**	감기	
383	**의사**	의사	
384	**약**	약	

□ 385
취미
チュィミ
趣味
漢 趣味
취미

□ 386
음악
으막
ウマク
音楽
漢 音楽
음악

□ 387
노래
ノレ
歌
動 노래하다
노래

□ 388
영화
ヨンファ
映画
漢 映画
영화

□ 389
드라마
トゥラマ
ドラマ
外 drama
드라마

□ 390
뉴스
ニュス
ニュース
外 news
뉴스

□ 391
텔레비전
テルレビジョン
テレビ
外 television
텔레비전

□ 392
비디오
ピディオ
ビデオ
外 video
비디오

취미가 없어요.

취미가 없어요.

チュィミガ（업써요 オプソヨ）
趣味が　ありません。

음악을 좋아하세요?

음악을 좋아하세요?

으마글 ウマグル
조아하세요 チョアハセヨ
音楽を　お好きですか？

한국 **노래**를 잘 불러요.

한국 노래를 잘 불러요.

한궁 노래를 ハングン ノレルル
チャル
プルロヨ
韓国の歌を　よく　歌います。

오랜만에 **영화**를 봤어요.

오랜만에 영화를 봤어요.

오랜마네 オレンマネ
ヨンファルル
봐써요 ポァッソヨ
久しぶりに　映画を　見ました。

재미있는 **드라마**가 없어요. ❶

재미있는 드라마가 없어요.

재미인는 チェミインヌン
トゥラマガ
업써요 オプソヨ
面白い　ドラマが　ないです。

뉴스 볼 시간도 없어요. ❶

뉴스 볼 시간도 없어요.

ニュス
볼 씨간도 ポル シガンド
업써요 オプソヨ
ニュースを　見る時間も　ありません。

동생이 **텔레비전**에 나왔어요.

동생이 텔레비전에 나왔어요.

トンセンイ
텔레비저네 テルレビジョネ
나와써요 ナワッソヨ
弟／妹が　テレビに　出ました。

비디오를 보는 중이에요. ❶

비디오를 보는 중이에요.

ピディオルル
ポヌン ジュンイエヨ
ビデオを　見ているところです。

解説　389 재미있는は、재미있다（面白い）の現在連体形です。390 볼は、보다（見る）の未来連体形です。392 보는は보다の現在連体形。보는 중で「見ている最中（ところ）」。

199

□ 393
컴퓨터
コムピュト

コンピューター
外 computer

컴퓨터

□ 394
운동
ウンドン

運動
漢 運動
動 운동하다

운동

□ 395
스포츠
スポチュ

スポーツ
外 sports

스포츠

□ 396
야구
ヤグ

野球
漢 野球

야구

□ 397
축구
축꾸
チュクク

サッカー
漢 蹴球

축구

□ 398
산
サン

山
漢 山

산

□ 399
강
カン

川
漢 江

강

□ 400
바다
パダ

海

바다

컴퓨터를 끄세요.

コムピュトルル / クセヨ
コンピューターを 切ってください。

컴퓨터를 끄세요.

운동은 몸에 좋아요.

ウンドンウン / モメ モメ / チョアヨ チョアヨ
運動は 体に いいです。

운동은 몸에 좋아요.

아무 스포츠나 잘해요.

アム / スポチュナ / 자래요 チャレヨ
どんな スポーツでも 上手です。

아무 스포츠나 잘해요.

내일 야구를 보러 가요. ❗

ネイル / ヤグルル / ポロ ガヨ
明日 野球を 見に行きます。

내일 야구를 보러 가요.

축구 한 게임 할까요? ❗

축꾸 チュクク / 한 께임 ハン ケイム / ハルカヨ
サッカー 1試合 しますか？

축구 한 게임 할까요?

제일 높은 산이 어디예요?

チェイル / 노픈 ノプン / 사니 サニ / 어디에요 オディエヨ
一番 高い 山は どこですか？

제일 높은 산이 어디예요?

강에서 물고기를 잡아요.

カンエソ / 물꼬기를 ムルコギルル / 자바요 チャパヨ
川で 魚を 捕ります。

강에서 물고기를 잡아요.

배를 타고 바다로 나가요.

ペルル / タゴ / パダロ / ナガヨ
船に 乗って 海に 出ます。

배를 타고 바다로 나가요.

解説 396 보러는、보다(見る)に移動の目的を表す-러(〜しに)が付いた形です。397 할까요は、하다(する)に提案を表す表現-ㄹ까요(〜しましょうか)が付いた形です。

201

意 味

385	취미	취미
386	음악	음악
387	노래	노래
388	영화	영화
389	드라마	드라마
390	뉴스	뉴스
391	텔레비전	텔레비전
392	비디오	비디오
393	컴퓨터	컴퓨터
394	운동	운동
395	스포츠	스포츠
396	야구	야구
397	축구	축구
398	산	산
399	강	강
400	바다	바다

1週目

2週目

3週目

4週目

□ 401 **나무** ナム	木	나무
□ 402 **꽃** 꼳 コッ	花	꽃
□ 403 **날씨** ナルシ	天気 天候	날씨
□ 404 **비** ピ	雨	비
□ 405 **구름** クルム	雲	구름
□ 406 **눈**² ヌン	雪	눈
□ 407-4 **바람** パラム	風 浮気	바람
□ 408 **불** プル	火 明かり	불

나무 밑에 앉아 있어요. ❶

나무 미테	안자 이써요
ナム ミテ	アンジャ イッソヨ
木の下に	座っています。

나무 밑에 앉아 있어요.

여자는 **꽃**을 좋아해요.

여자는	꼬츨	조아해요
ヨジャヌン	コチュル	チョアヘヨ
女性は	花が	好きです。

여자는 꽃을 좋아해요.

날씨가 추워졌어요. ❶

	추워저써요
나르시가	추워저써요
ナルシガ	チュウォジョッソヨ
天気が	寒くなりました。

날씨가 추워졌어요.

비가 오는데 　**우산**이 없어요. ❶

비가	오는데	우사니	업써요
ピガ	オヌンデ	ウサニ	オプソヨ
雨が	降っているけど	傘が	ありません。

비가 오는데 우산이 없어요.

구름이 그림 같아요.

구르미		가타요
クルミ	クリム	カタヨ
雲が	絵の	ようです。

구름이 그림 같아요.

서울에는 **눈**이 내려요.

서우레는	누니	
ソウレヌン	ヌニ	ネリョヨ
ソウルには	雪が	降ります。

서울에는 눈이 내려요.

강한 바람이 불어요.

	바라미	부러요
カンハン	パラミ	プロヨ
強い	風が	吹きます。

강한 바람이 불어요.

불 좀 　붙여 주세요.

		부처 주세요
プル	ジョム	プチョ ジュセヨ
火を	ちょっと	つけてください。

불 좀 붙여 주세요.

解説　401 앉아 있어요は、앉다(座る)に結果の継続を表す表現-아 있어요(〜しています)が付いた形です。403
추워졌어요は、춥다(寒い)に状態の変化を表す-어졌어요(〜くなりました)が付いた形です。404「雨が降る」
と言うとき、動詞は오다を使います。오는데は、오다に対照を表す語尾-는데(〜するけど)が付いた形です。

□ 409 **밖** 박 パク	外	밖
□ 410 **위** ウィ	上	위
□ 411 **밑** 믿 ミッ	下 底、元	밑
□ 412 **앞** 압 アプ	前	앞
□ 413 **옆** 엽 ヨプ	横 そば、隣	옆
□ 414 **뒤** トゥィ	後ろ	뒤
□ 415 **안²** アン	中 内、以内	안
□ 416 **속** ソク	中 内、腹(腹具合)、心中	속

밖에서 기다리세요.

밖에서 기다리세요.

바께서
パッケソ

キダリセヨ

外で　　待っていてください。

위에 언니가 하나 있어요.

위에 언니가 하나 있어요.

ウィエ
上に

オンニガ
姉が

ハナ
一人

이써요
イッソヨ
います。

책상 밑으로 떨어졌어요.

책상 밑으로 떨어졌어요.

책쌍 미트로
チェクサン ミトゥロ
机の下に

떠러저써요
トロジョッソヨ
落ちました。

극장 앞에 서 계세요. ❶

극장 앞에 서 계세요.

극짱 아페
ククチャン アペ
映画館の前に

서 게세요
ソ ゲセヨ
立っていらっしゃいます。

옆에 앉아도 될까요? ❶

옆에 앉아도 될까요?

여페
ヨペ
横に

안자도
アンジャド
座っても

トェルカヨ
いいでしょうか？

집 뒤에 산이 있어요.

집 뒤에 산이 있어요.

집 뛰에
チプ トゥィエ
家の後ろに

사니
サニ
山が

이써요
イッソヨ
あります。

추우니까 안으로 들어와요. ❶

추우니까 안으로 들어와요.

チュウニッカ
寒いから

아느로
アヌロ
中に

トゥロワヨ
入ってください。

가방 속에 넣어요.

가방 속에 넣어요.

가방 소게
カバン ソゲ
かばんの中に

너어요
ノオヨ
入れます。

解説　412 서 계서요는, 서 있어요(立っています)の敬語表現です。413 앉아도 될까요는、앉다(座る)に、
控えめに許諾を求める表現-아도 될까요(〜してもいいでしょうか)が付いた形です。415 추우니까는、
춥다(寒い)に理由や根拠を表す語尾-으니까(〜だから)が付いた形です。

207

意 味

401 **나무**	나무	
402 **꽃**	꽃	
403 **날씨**	날씨	
404 **비**	비	
405 **구름**	구름	
406 **눈**^{2}	눈	
407 **바람**	바람	
408 **불**	불	
409 **밖**	밖	
410 **위**	위	
411 **밑**	밑	
412 **앞**	앞	
413 **옆**	옆	
414 **뒤**	뒤	
415 **안**^{2}	안	
416 **속**	속	

□ 417
나다
ナダ

出る
起こる、生える

나요
ナヨ

正 나다 – 나요 – 났어요 – 나세요

□ 418-4
나타나다
ナタナダ

現れる
表れる

나타나요
ナタナヨ

正 나타나다 – 나타나요 – 나타났어요 – 나타나세요

□ 419
나가다
ナガダ

出る
出ていく

나가요
ナガヨ

正 나가다 – 나가요 – 나갔어요 – 나가세요

□ 420
나오다
ナオダ

出てくる

나와요
ナワヨ

正 나오다 – 나와요 – 나왔어요 – 나오세요

□ 421-4
들다²
トゥルダ

入る
(お金が)かかる

들어요
드러요
トゥロヨ

ㄹ語幹 들다 – 들어요 – 들었어요 – 드세요

□ 422-4
들어가다
드러가다
トゥロガダ

入っていく
(お金が)かかる

들어가요
드러가요
トゥロガヨ

正 들어가다 – 들어가요 – 들어갔어요 – 들어가세요

□ 423
지나다
チナダ

過ぎる
通る、超す

지나요
チナヨ

正 지나다 – 지나요 – 지났어요 – 지나세요

□ 424
걸리다
コルリダ

かかる
(時間が)かかる、つっかかる

걸려요
コルリョヨ

正 걸리다 – 걸려요 – 걸렸어요 – 걸리세요

우리 학교가 신문에 **났어요.** 　우리 학교가 신문에 났어요.

우리	학교가 ハクキョガ	신무네 シンムネ	나써요 ナッソヨ
うちの	学校が	新聞に	出ました。

갑자기 **나타났어요.** 　갑자기 나타났어요.

갑짜기 カプチャギ	나타나써요 ナタナッソヨ
急に	現れました。

밖으로 **나가서** 전화하세요. 　밖으로 나가서 전화하세요.

바끄로 パックロ	나가서 ナガソ	저놔하세요 チョヌァハセヨ
外に	出て	電話してください。

텔레비전에 **나왔어요.** 　텔레비전에 나왔어요.

텔레비저네 テルレビジョネ	나와써요 ナワッソヨ
テレビに	出てきました。

선물이　마음에 **들어요.** 　선물이 마음에 들어요.

선무리 ソンムリ	마으메 マウメ	드러요 トゥロヨ
プレゼントが	気に	入ります。

신발을 벗고 **들어가세요.** 　신발을 벗고 들어가세요.

신바를 シンバルル	벋꼬 ポッコ	드러가세요 トゥロガセヨ
靴を	脱いで	お入りください。

이틀이 **지나도** 안 와요. ❶ 　이틀이 지나도 안 와요.

이트리 イトゥリ	지나도 チナド	아 놔요 ア ヌァヨ
2日が	過ぎても	来ません。

감기에 **걸렸어요.** 　감기에 걸렸어요.

감기에　걸려써요 カムギエ　コルリョッソヨ
風邪をひきました（風邪にかかりました）。

解説　423 지나도는、지나다に譲歩を表す語尾-아도（〜しても）が付いた形です。

☐ 425
결혼하다
結婚する
漢結婚--
名결혼

겨로나다
キョロナダ

결혼해요
겨로내요
キョロネヨ

하用言 결혼하다 – 결혼해요 – 결혼했어요 – 결혼하세요

☐ 426
축하하다
祝う
漢祝賀--
名축하

추카하다
チュカハダ

축하해요
추카해요
チュカヘヨ

하用言 축하하다 – 축하해요 – 축하했어요 – 축하하세요

☐ 427-4
통하다
通じる
漢通--

トンハダ

통해요
トンヘヨ

하用言 통하다 – 통해요 – 통했어요 – 통하세요

☐ 428-4
느끼다
感じる
(心に)思う

ヌッキダ

느껴요
ヌッキョヨ

正 느끼다 – 느껴요 – 느꼈어요 – 느끼세요

☐ 429
울다
泣く

ウルダ

울어요
우러요
ウロヨ

ㄹ語幹 울다 – 울어요 – 울었어요 – 우세요

☐ 430
웃다
笑う

욷따
ウッタ

웃어요
우서요
ウソヨ

正 웃다 – 웃어요 – 웃었어요 – 웃으세요

☐ 431
좋아하다
好きだ
好む

조아하다
チョアハダ

좋아해요
조아해요
チョアヘヨ

하用言 좋아하다 – 좋아해요 – 좋아했어요 – 좋아하세요

☐ 432
싫어하다
嫌う
嫌がる

시러하다
シロハダ

싫어해요
시러해요
シロヘヨ

하用言 싫어하다 – 싫어해요 – 싫어했어요 – 싫어하세요

결혼할 생각이 없어요. ❗

겨로날 쌩가기 / キョロナル センガギ — 업써요 / オプソヨ

結婚するつもりは ありません。

결혼할 생각이 없어요.

생일을 **축하해요.**

생이를 / センイルル — 추카해요 / チュカヘヨ

誕生日を お祝いします。

생일을 축하해요.

말이 잘 **통해요.**

마리 / マリ — チャル — トンヘヨ

話が よく 通じます。

말이 잘 통해요.

몸으로 **느꼈어요.**

모므로 / モムロ — 느껴써요 / ヌッキョッソヨ

体で 感じました。

몸으로 느꼈어요.

울지 마세요. ❗

ウルジ マセヨ

泣かないでください。

울지 마세요.

너무 **웃어서** 배가 아파요.

너무 우서서 / ノム ウソソ — ペガ — アパヨ

笑い過ぎて お腹が 痛いです。

너무 웃어서 배가 아파요.

우리는 서로 **좋아해요.**

ウリヌン — ソロ — 조아해요 / チョアヘヨ

私たちは 互いに 好きです。

우리는 서로 좋아해요.

싫어하는 음식이 많아요. ❗

시러하는 / シロハヌン — 음시기 / ウムシギ — 마나요 / マナヨ

嫌いな 食べ物が 多いです。

싫어하는 음식이 많아요.

解説 425 결혼할は결혼하다の未来連体形。429 울지 마세요は、울다に禁止を表す表現-지 마세요(～しないでください)が付いた形です。432 싫어하는は싫어하다の現在連体形。

意 味

417	나다	나요
418	나타나다	나타나요
419	나가다	나가요
420	나오다	나와요
421	들다²	들어요
422	들어가다	들어가요
423	지나다	지나요
424	걸리다	걸려요
425	결혼하다	결혼해요
426	축하하다	축하해요
427	통하다	통해요
428	느끼다	느껴요
429	울다	울어요
430	웃다	웃어요
431	좋아하다	좋아해요
432	싫어하다	싫어해요

□ 433
모두
モドゥ

みんな
全て、全部

모두

□ 434
다
タ

全部
全て

다

□ 435
아주
アジュ

とても
非常に

아주

□ 436
많이
마니
マニ

たくさん
多く

많이

□ 437
너무
ノム

とても
あまりにも

너무

□ 438
더
ト

もっと
より一層、さらに

더

□ 439
제일
チェイル

一番
最も
漢第一

제일

□ 440-4
가장
カジャン

最も
一番、何よりも

가장

모두 여기로 모이세요.

모두	여기로	모이세요
モドゥ	ヨギロ	モイセヨ
みんな、	ここに	集まってください。

모두 여기로 모이세요.

저에게 **다** 말해 보세요.

저에게	다	말해 보세요 マレ ボセヨ
チョエゲ	タ	
私に	全部	話してみてください。

저에게 다 말해 보세요.

운동은 건강에 **아주** 좋아요.

운동은	건강에	아주	좋아요 チョアヨ
ウンドヌン	コンガンエ	アジュ	
運動は	健康に	とても	良いです。

운동은 건강에 아주 좋아요.

쇼핑을 **많이** 하셨네요.

쇼핑을	많이 マニ	하셨네요 ハションネヨ
ショピヌル		
買い物を	たくさん	なさいましたね。

쇼핑을 많이 하셨네요.

너무 늦게 오지 마세요.❗

너무	늦게 ヌッケ	오지 마세요
ノム		オジ マセヨ
あまりにも	遅く	来ないでください。

너무 늦게 오지 마세요.

더 잘할 수 있어요.❗

더	잘할 수 이써요 チャラル ス イッソヨ
ト	
もっと	うまくできます。

더 잘할 수 있어요.

제일 인기가 많아요.

제일	인끼가 インキガ	마나요 マナヨ
チェイル		
一番	人気が	あります。

제일 인기가 많아요.

일본에서 **가장** 높은 산.

일보네서 イルボネソ	가장	노픈 ノプン	산
	カジャン		サン
日本で	一番	高い	山。

일본에서 가장 높은 산.

解説　437 늦게는 늦다(遅い)の副詞形です。오지 마세요는、오다(来る)に禁止を表す表現-지 마세요(〜しないでください)が付いた形です。438 잘할 수 있어요는、잘하다(うまい)に可能を表す表現-ㄹ 수 있어요(〜できます)が付いた形です。

□ 441
좀
チョム
少し
ちょっと
좀

□ 442
그리고
クリゴ
そして
그리고

□ 443
또
ト
また
또

□ 444-4
그래서
クレソ
それで
그래서

□ 445
그러면
クロミョン
それでは
それなら
그러면

□ 446
하지만
ハジマン
しかし
だが
하지만

□ 447
그런데
クロンデ
ところで
그런데

□ 448-4
혹시
혹씨
ホクシ
もしかして
もしも、万一
圜或是
혹시

저것 좀 보여 주세요.

저것 좀 보여 주세요.

チョゴッ	チョム	ポヨ ジュセヨ
あれ	ちょっと	見せてください。

엄마, 아빠 그리고 언니.

엄마, 아빠 그리고 언니.

オムマ	アッパ	クリゴ	オンニ
お母さん、	お父さん、	そして	お姉さん。

또 지각했어요.

또 지각했어요.

ト	지가캐써요 チガケッソヨ
また	遅刻しました。

그래서 못 왔어요. ❶

그래서 못 왔어요.

クレソ	모 돠써요 モ ダッソヨ
それで	来られませんでした。

그러면 이제 집에 가요.

그러면 이제 집에 가요.

クロミョン	イジェ	지베 チベ	カヨ
それでは、	もう	家に	帰ります。

예뻐요. 하지만 비싸네요.

예뻐요. 하지만 비싸네요.

イェッポヨ	ハジマン	ピッサネヨ
かわいいです。	しかし	高いですね。

그런데 왜 안 먹어요?

그런데 왜 안 먹어요?

クロンデ	ウェ	안 머거요 アン モゴヨ
ところで	なぜ	食べないのですか？

혹시 아는 분이세요? ❶

혹시 아는 분이세요?

혹씨 ホクシ	아는 부니세요 アヌン ブニセヨ
もしかして、	知っている方ですか？

解説　444 못は、連音化するときは実際の発音である[몯]として連音化します。[몯]の次に[와써요]が来るので、[모 돠써요]となります。448 아는は알다(知る)の現在連体形。분(方)は人(人)の尊敬語です。

219

意味

433	**모두**	모두
434	**다**	다
435	**아주**	아주
436	**많이**	많이
437	**너무**	너무
438	**더**	더
439	**제일**	제일
440	**가장**	가장
441	**좀**	좀
442	**그리고**	그리고
443	**또**	또
444	**그래서**	그래서
445	**그러면**	그러면
446	**하지만**	하지만
447	**그런데**	그런데
448	**혹시**	혹시

	基本形	ヘヨ体現在	ヘヨ体過去	ヘヨ体現在尊敬
☐ 417	**나다**	나요	났어요 나써요	나세요
☐ 418	**나타나다**	나타나요	나타났어요 나타나써요	나타나세요
☐ 419	**나가다**	나가요	나갔어요 나가써요	나가세요
☐ 420	**나오다**	나와요	나왔어요 나와써요	나오세요
☐ 421	**들다**[2] ㄹ語幹	들어요 드러요	들었어요 드러써요	드세요 드세요
☐ 422	**들어가다** 드러가다	들어가요 드러가요	들어갔어요 드러가써요	들어가세요 드러가세요
☐ 423	**지나다**	지나요	지났어요 지나써요	지나세요
☐ 424	**걸리다**	걸려요	걸렸어요 걸려써요	걸리세요
☐ 425	**결혼하다** 하用言 겨로나다	결혼해요 겨로내요	결혼했어요 겨로내써요	결혼하세요 겨로나세요
☐ 426	**축하하다** 하用言 추카하다	축하해요 추카해요	축하했어요 추카해써요	축하하세요 추카하세요
☐ 427	**통하다** 하用言	통해요	통했어요 통해써요	통하세요
☐ 428	**느끼다**	느껴요	느꼈어요 느껴써요	느끼세요
☐ 429	**울다** ㄹ語幹	울어요 우러요	울었어요 우러써요	우세요
☐ 430	**웃다** 욷따	웃어요 우서요	웃었어요 우서써요	웃으세요 우스세요
☐ 431	**좋아하다** 하用言 조아하다	좋아해요 조아해요	좋아했어요 조아해써요	좋아하세요 조아하세요
☐ 432	**싫어하다** 하用言 시러하다	싫어해요 시러해요	싫어했어요 시러해써요	싫어하세요 시러하세요

意味　　　　　　　　　　　　　　　　　　　意味

☐ 337 **책**

☐ 353 **학교**
학꾜

☐ 338 **편지**

☐ 354 **고등학교**
고등학꾜

☐ 339 **종이**

☐ 355 **대학**

☐ 340 **시계**
시게

☐ 356 **교실**

☐ 341 **가방**

☐ 357 **도서관**

☐ 342 **우산**

☐ 358 **수업**

☐ 343 **사진**

☐ 359 **공부**

☐ 344 **신문**

☐ 360 **학생**
학쌩

☐ 345 **옷**
옫

☐ 361 **대학생**
대학쌩

☐ 346 **바지**

☐ 362 **선생님**

☐ 347 **치마**

☐ 363 **교과서**

☐ 348 **속옷**
소곧

☐ 364 **노트**

☐ 349 **양말**

☐ 365 **연필**

☐ 350 **신발**

☐ 366 **시험**

☐ 351 **구두**

☐ 367 **문제**

☐ 352 **안경**

☐ 368 **숙제**
숙쩨

意味

意味

□ 369	여행	□ 385	취미
□ 370	공항	□ 386	음악 <small>으막</small>
□ 371	역	□ 387	노래
□ 372	비행기	□ 388	영화
□ 373	전철	□ 389	드라마
□ 374	기차	□ 390	뉴스
□ 375	지하철	□ 391	텔레비전
□ 376	차^2	□ 392	비디오
□ 377	버스 <small>뻐스</small>	□ 393	컴퓨터
□ 378	택시 <small>택씨</small>	□ 394	운동
□ 379	자리	□ 395	스포츠
□ 380	병원	□ 396	야구
□ 381	병	□ 397	축구 <small>축꾸</small>
□ 382	감기	□ 398	산
□ 383	의사	□ 399	강
□ 384	약	□ 400	바다

		意味			意味
☐ 401	**나무**		☐ 417	**나다**	
☐ 402	**꽃** _꼳		☐ 418	**나타나다**	
☐ 403	**날씨**		☐ 419	**나가다**	
☐ 404	**비**		☐ 420	**나오다**	
☐ 405	**구름**		☐ 421	**들다**²	
☐ 406	**눈**²		☐ 422	**들어가다** _{드러가다}	
☐ 407	**바람**		☐ 423	**지나다**	
☐ 408	**불**		☐ 424	**걸리다**	
☐ 409	**밖** _박		☐ 425	**결혼하다** _{겨로나다}	
☐ 410	**위**		☐ 426	**축하하다** _{추카하다}	
☐ 411	**밑** _믿		☐ 427	**통하다**	
☐ 412	**앞** _압		☐ 428	**느끼다**	
☐ 413	**옆** _엽		☐ 429	**울다**	
☐ 414	**뒤**		☐ 430	**웃다** _{욷따}	
☐ 415	**안**²		☐ 431	**좋아하다** _{조아하다}	
☐ 416	**속**		☐ 432	**싫어하다** _{시러하다}	

意 味

□ 433　**모두**

□ 434　**다**

□ 435　**아주**

□ 436　**많이**
　　　마니

□ 437　**너무**

□ 438　**더**

□ 439　**제일**

□ 440　**가장**

□ 441　**좀**

□ 442　**그리고**

□ 443　**또**

□ 444　**그래서**

□ 445　**그러면**

□ 446　**하지만**

□ 447　**그런데**

□ 448　**혹시**
　　　혹씨

例文で使われた新出項目を確認！

4週目で学んだ文法項目

4週目の例文に新たに出てきた文法項目をまとめました。確認してみましょう。

» 語尾・表現

–는데	～するけど	404
–지 마세요	～しないでください	429 / 437
–지만	～するけど・(だ) けど	372
–ㄴ/은 것 같아요	～したようです	381
–니까/–으니까	～するから・(だ) から	415
–ㄹ/–을 수 없어요	～できません	373
–ㄹ/–을 수 있어요	～できます	438
–라고/–으라고 해요	～しろと言います	383
–려고/–으려고	～しようと	369
–면/–으면 안 돼요	～してはいけません	352
–아도/–어도/–여도 될까요	～してもいいですか	413
–아/–어/–여 보여요	～く見えます	340
–아/–어/–여 있어요	～しています〈結果の継続〉	363 / 401
–아져요/–어져요/–어져요	～くなります	403

巻末付録

ハングルの読み方

韓国語の文字であるハングルと発音の関係、母音・子音・パッチムの
基本的な発音ルールをまとめました。

ハングルの仕組み

ハングルはアルファベットのように文字そのものが音を表す表音文字で、母音字と子音字を最低一つずつ組み合わせて文字を成します。従って、それぞれが表す音を覚えれば、基本的にハングルを読み、発音することができるようになります。1文字が1音節を表します。

書き方の例
- 横棒の長い母音は下に、子音は上に書きます。
- 縦棒の長い母音は右側に、子音は左側に書きます。

- 子音で終わる場合は、文字の一番下に書きます。

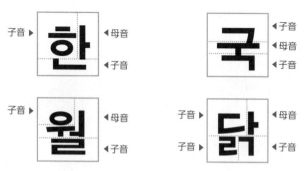

最初の子音を初声、次の母音を中声、最後の子音を終声（パッチム）と言うことがあります。次のページで、ハングルの母音、子音、パッチム、それぞれの発音を見ていきましょう。

母音の発音

音のない子音字 o を子音の位置に入れて表記してあります。
애と에、예と얘、왜と외 と웨 は発音上ほとんど区別しません。

基本母音

아 ▶ [a] …… 日本語の「ア」とほぼ同じ発音。

야 ▶ [ja] …… 日本語の「ヤ」とほぼ同じ発音。

어 ▶ [ɔ] …… 「ア」のときのように、口を大きく開けて「オ」と発音する。

여 ▶ [jɔ] …… 「ヤ」のときのように、口を大きく開けて「ヨ」と発音する。

오 ▶ [o] …… 日本語の「オ」とほぼ同じだが、唇を丸くすぼめて発音する。

요 ▶ [jo] …… 日本語の「ヨ」とほぼ同じだが、唇を丸くすぼめて発音する。

우 ▶ [u] …… 日本語の「ウ」とほぼ同じだが、唇を丸くすぼめて発音する。

유 ▶ [ju] …… 日本語の「ユ」とほぼ同じだが、唇を丸くすぼめて発音する。

으 ▶ [ɯ] …… 「イ」のように、唇を横に引いて「ウ」と発音する。

이 ▶ [i] …… 日本語の「イ」とほぼ同じ発音。

複合母音

애 ▶ [ɛ] …… 日本語の「エ」とほぼ同じ発音。

얘 ▶ [jɛ] …… 日本語の「イェ」とほぼ同じ発音。

에 ▶ [e] …… 日本語の「エ」とほぼ同じ発音。

예 ▶ [je] …… 日本語の「イェ」とほぼ同じ発音。

와 ▶ [wa] …… 日本語の「ワ」とほぼ同じ発音。

왜 ▶ [wɛ] …… 日本語の「ウェ」とほぼ同じ発音。

외 ▶ [we] …… 日本語の「ウェ」とほぼ同じ発音。

워 ▶ [wɔ] …… 日本語の「ウォ」とほぼ同じ発音。

웨 ▶ [we] …… 日本語の「ウェ」とほぼ同じ発音。

위 ▶ [wi] …… 日本語の「ウィ」だが、唇を丸くすぼめて発音する。

의 ▶ [ɯi] …… 日本語の「ウイ」だが、唇をすぼめず、横に引いて「ウイ」と発音する。

子音の発音

平音 (へいおん)　ㄱ、ㄷ、ㅂ、ㅈは、語頭以外 (2 文字目以降) に来ると音が濁ります (→P.234)。

ㄱ ▶ [k,g] ……日本語の「カ・ガ行」に似た音。

ㄴ ▶ [n] ………日本語の「ナ行」に似た音。

ㄷ ▶ [t,d] ……日本語の「タ・ダ行」に似た音。

ㄹ ▶ [r,l] ……日本語の「ラ行」に似た音。

ㅁ ▶ [m] ………日本語の「マ行」に似た音。

ㅂ ▶ [p,b] ……日本語の「パ・バ行」に似た音。

ㅅ ▶ [s] ………日本語の「サ行」に似た音。

ㅇ ▶ [無音] …パッチムのとき以外は母音のみが発音される。

ㅈ ▶ [tʃ,dʒ]…日本語の「チャ・ジャ行」に似た音。

激音 (げきおん)　息を強く出して発音します。

ㅋ ▶ [kʰ] ……息を少し強めに出しながら、はっきりと「カ」行を発音する 。

ㅌ ▶ [tʰ] ………息を少し強めに出しながら、はっきりと「タ」行を発音する 。

ㅍ ▶ [pʰ] ……息を少し強めに出しながら、はっきりと「パ」行を発音する 。

ㅊ ▶ [tʃʰ] ……息を少し強めに出しながら、はっきりと「チャ」行を発音する 。

ㅎ ▶ [h] ………日本語の「ハ行」に似た音 。

濃音 (のうおん)　息を詰まらせる感じで発音します。

ㄲ ▶ [ˀk] ……「まっか」と言うときの「ッカ」に近い音。

ㄸ ▶ [ˀt] ……「いった」と言うときの「ッタ」に近い音。

ㅃ ▶ [ˀp] ……「いっぱい」と言うときの「ッパ」に近い音。

ㅆ ▶ [ˀs] ……「いっさい」と言うときの「ッサ」に近い音。

ㅉ ▶ [ˀtʃ] ……「まっちゃ」と言うときの「ッチャ」に近い音。

パッチム

パッチムとは、**한국** (ハングク=韓国) の**ㄴ**や**ㄱ**、**닭** (タク=ニワトリ) の**ㄺ**のように文字を支えるように付いている子音字のことで、日本語の[ッ]や[ン]に似た音があります。パッチムとなる子音字は、左ページにある子音字のうち**ㄸ**、**ㅃ**、**ㅉ**を除く16種類と、二つの異なる子音字を左右に組み合わせて表記する11種類の計27種類ですが、実際の発音は**ㄱ**、**ㄴ**、**ㄷ**、**ㄹ**、**ㅁ**、**ㅂ**、**ㅇ**の7種類です。

発音区分

ㄱ ▸ [k/ク] …… **ㄱ**、**ㄲ**、**ㅋ**、**ㄳ**、**ㄺ**

ㄴ ▸ [n/ン] …… **ㄴ**、**ㄵ**、**ㄶ**

ㄷ ▸ [t/ッ] …… **ㄷ**、**ㅅ**、**ㅆ**、**ㅈ**、**ㅊ**、**ㅌ**、**ㅎ**

ㄹ ▸ [l/ル] …… **ㄹ**、**ㄼ**、**ㄽ**、**ㄾ**、**ㅀ**

ㅁ ▸ [m/ム] …… **ㅁ**、**ㄻ**

ㅂ ▸ [p/プ] …… **ㅂ**、**ㅍ**、**ㄿ**、**ㅄ**

ㅇ ▸ [ŋ/ン] …… **ㅇ**

発音のしかた

パッチムの発音を**아**[a/ア]との組み合わせで見ていきます。

악 ▸ [ak/アク] …… 「あっか」と言うときの「アッ」に近い。口を閉じずに発音する。

안 ▸ [an/アン] …… 「あんど」と言うときの「アン」に近い。
舌先を軽く歯の裏に付けて発音する

앋 ▸ [at/アッ] …… 「あっと」と言うときの「アッ」に近い。
日本語の[ッ]に近い。

알 ▸ [al/アル] …… 「あり」と完全に言い終わる前に止めた音に近い。
舌先を軽く上顎に付けて発音する。

암 ▸ [am/アム] …… 「あんまり」と言うときの「アン」に近い。
上下の唇を合わせ、口を閉じて発音する。

압 ▸ [ap/アプ] …… 「あっぷ」と言うときの「アッ」に近い。
口を閉じて発音する。

앙 ▸ [aŋ/アン] …… 「あんこ」と言うときの「アン」に近い。
口を開けたまま、舌をどこにも付けずに発音する。

発音変化など

韓国語は文字通りに発音しない場合があります。
これらについてまとめました。

有声音化

子音ㄱ、ㄷ、ㅂ、ㅈは、語中 (語の2文字目以後) では濁って (有声音で) 発音されます。
ただし日本語の濁点のような表記はありません。

表記			表記通りのフリガナ		実際の発音
시간	時間	▶	[シカン]	▶	[シガン]
바다	海	▶	[パタ]	▶	[パダ]
기분	気分	▶	[キプン]	▶	[キブン]
어제	昨日	▶	[オチェ]	▶	[オジェ]

濃音化

①ㄱ音、ㄷ音、ㅂ音のパッチムの次に子音ㄱ、ㄷ、ㅂ、ㅅ、ㅈが来るとき、ㄲ、ㄸ、ㅃ、ㅆ、ㅉになります。

表記			実際の発音
식당	食堂	▶	[**식땅** シクタン]
잊다	忘れる	▶	[**읻따** イッタ]
갑자기	急に	▶	[**갑짜기** カプチャギ]

②動詞・形容詞の語幹がパッチム (ㄹとㅎを除く) で終わり、次に子音ㄱ、ㄷ、ㅂ、ㅅ、ㅈが来るとき、ㄲ、ㄸ、ㅃ、ㅆ、ㅉになります。

表記			実際の発音
신다	履く	▶	[**신따** シンタ]
앉다	座る	▶	[**안따** アンタ]

③漢字語内でㄹパッチムの次に子音ㄷ、ㅅ、ㅈが来るとき、ㄸ、ㅆ、ㅉになります。

表記		実際の発音
일주일 1週間	▶	[**일쭈일** イルチュイル]
열심히 熱心に	▶	[**열씨미** ヨルシミ]

複合母音の発音

①母音 **예** [イェ]は ㅇ以外の子音が付くと **에** [エ]と発音されます。

表記		実際の発音
시계 時計	▶	[**시게** シゲ]
계시다 いらっしゃる	▶	[**게시다** ケシダ]

②母音 **ㅢ**[ウイ]は子音が付いたときおよび語中では **ㅣ**[イ]と、所有を表す助詞「〜の」のときは **ㅔ**[エ]と発音されます。

表記		表記通りのフリガナ		実際の発音
희다 白い	▶	[フイタ]	▶	[**히다** ヒダ]
강의 講義	▶	[カンウイ]	▶	[**강이** カンイ]
아이의 子どもの	▶	[アイウイ]	▶	[**아이에** アイエ]

連音化

パッチムの次に母音が来るとき、パッチムが後ろの音節に移動して発音されます。

表記		表記通りのフリガナ		実際の発音
음악 音楽	▶	[ウムアク]	▶	[**으막** ウマク]
한국어 韓国語	▶	[ハングクオ]	▶	[**한구거** ハングゴ]

① ㄱ音、ㄷ音、ㅂ音のパッチムの次に子音 ㅎ が来るとき、ㅋ、ㅌ、ㅍになります。

表記		表記通りのフリガナ	実際の発音
축하하다	祝う ▶	[チュクハハタ] ▶	[**추카하다** チュカハダ]
비슷하다	似ている ▶	[ピスッハタ] ▶	[**비스타다** ピスタダ]
입학하다	入学する ▶	[イプハクハタ] ▶	[**이파카다** イパカダ]

② ㅎパッチムの次に子音 ㄱ、ㄷ、ㅈが来るとき ㅋ、ㅌ、ㅊになります。

表記		表記通りのフリガナ	実際の発音
어떻게	どのように ▶	[オットッケ] ▶	[**어떠케** オットケ]
좋다	良い ▶	[チョッタ] ▶	[**조타** チョタ]
많지 않다	多くない ▶	[マンチ アンタ] ▶	[**만치 안타** マンチ アンタ]

① ㄱ音、ㄷ音、ㅂ音のパッチムの次に子音 ㅁ、ㄴが来るとき、パッチムが鼻音になります。ㄱ音は ㅇ、ㄷ音は ㄴ、ㅂ音は ㅁになります。

表記		表記通りのフリガナ	実際の発音
작년	昨年 ▶	[チャクニョン] ▶	[**장년** チャンニョン]
끝나다	終わる ▶	[クッナタ] ▶	[**끈나다** クンナダ]
합니다	します ▶	[ハプニタ] ▶	[**합니다** ハムニダ]

② ㄱ音、ㄷ音、ㅁ音、ㅂ音、ㅇ音のパッチムの次に子音 ㄹが来るとき、パッチムが鼻音になるとともに子音 ㄹは ㄴになります。

表記		表記通りのフリガナ	実際の発音
독립	独立 ▶	[トクリプ] ▶	[**동닙** トンニプ]
능력	能力 ▶	[ヌンリョク] ▶	[**능녁** ヌンニョク]

流音化

① ㄹパッチムの次に子音 ㄴ が来るとき、子音 ㄴ は ㄹ になります。

表記		表記通りのフリガナ		実際の発音
일년 1年	▶	[イルニョン]	▶	[**일련** イルリョン]
실내 室内	▶	[シルネ]	▶	[**실래** シルレ]

② ㄴパッチムの次に子音 ㄹ が来るとき、ㄴパッチムは ㄹ になります。

表記		表記通りのフリガナ		実際の発音
연락 連絡	▶	[ヨンラク]	▶	[**열락** ヨルラク]
신라 新羅	▶	[シンラ]	▶	[**실라** シルラ]

口蓋音化

ㄷパッチム、ㅌパッチムの次に **이**、**여**、**히**、**혀** が来るとき、それぞれ ㅈ、ㅊ になります。

表記		表記通りのフリガナ		実際の発音
같이 一緒に	▶	[カッイ]	▶	[**가치** カチ]

ㅎ が発音されない場合、弱くなる場合 (弱音化)

① ㅎパッチムの次に母音が来るとき、ㅎパッチムは発音されません。

表記		表記通りのフリガナ		実際の発音
좋아하다 好きだ	▶	[チョッアハタ]	▶	[**조아하다** チョアハダ]

② ㄴ音、ㄹ音、ㅁ音、ㅇ音のパッチムの次に子音 ㅎ が来るとき、ㅎはほとんど発音されないため、母音と同じように連音化します。

表記		表記通りのフリガナ		実際の発音
전화 電話	▶	[チョンファ]	▶	[**저놔** チョヌァ]

①名詞と名詞が合わさって一つの単語になった合成語や、複数の名詞からなる複合語で、前の語がパッチムで終わり、次の語が母音 l および合成母音 ㅑ、ㅕ、ㅒ、ㅖ、ㅛ、ㅠ で始まるとき、子音にㄴが挿入されます。

表記	表記通りのフリガナ	実際の発音
일본 요리 日本料理 ▶ [イルボン ヨリ]	▶ [**일본 뇨리** イルボン ニョリ]	

②前の語のパッチムがㄹのときは、①に加えて挿入されたㄴが流音化してㄹになります。

表記	表記通りのフリガナ	実際の発音
서울역 ソウル駅 ▶ [ソウルヨク]	▶	[**서울력** ソウルリョク]

助 詞

韓国語の助詞の学習は、同じく助詞がある日本語の母語話者にとってはさほど難しいものではありません。ここでは、幾つか注意が必要な点についても見ておきましょう。

助詞の位置と形

まず、助詞は日本語同様、一般的に体言の後ろに付きます。

에게 ～に	▶ **형에게** 兄に	▶ **언니에게** 姉に

しかし、助詞の中には、接続する体言の最後にパッチムがあるかないかで形が変わるものがあります。

助詞	パッチムあり	パッチムなし
은/는 ～は	▶ **형은** 兄は	▶ **언니는** 姉は

また、通常使う助詞とは別に、尊敬を表すときに使う助詞があります。下の例の**께서** (～が) は**이／가** (～が) の尊敬語です。

가 ～が	▶ **아빠가** パパが
께서 ～が	▶ **아버님께서** お父さまが

他にも、日本語と異なる使い方をする助詞があります。下の例では日本語の感覚で**에** (～に) を使いたいところですが、**를** (～を) を使うところに注意してください。

○ **친구를 만나요.**	✕ **친구에 만나요.**	友達に会います。

また、名詞と名詞をつなぐ**의** (～の) は、所有や所属など明確な関係を表す場合、省略することができます。ただし、電話番号の「-」や複雑な関係性を持つと見なされた場合は省略されません。また、「私」「僕」の所有を表すときのみ、**제** (私の)、**내** (僕の) という形を使います。

○ **케이크 가게**	✕ **케이크의 가게**	ケーキの店
○ **청춘의 꿈**	✕ **청춘 꿈**	青春の夢

基本的な助詞一覧

助詞	パッチムあり	パッチムなし
～は	은	는
～が	이	가
～が (尊敬語)	께서	
～を／～に	을	를
～に (人・動物)	에게／한테 ※1	
～に (尊敬語)	께	
～の	의	
～と	과	와
	하고 ※2	
～に (場所・時間)	에	
～に (場所) ／～で (手段)	으로	로
～で／～から (場所)	에서	
～から (時間)	부터	
～まで (時間・程度)	까지	
～も	도	

※1 **한테**は、話し言葉で主に用いられるのに対して、**에게**は話し言葉でも書き言葉でも用いられます。

※2 **하고**は、日常的な会話で主に用いられるのに対して、**과/와**は文章や演説、討論などの席でしばしば用いられます。

用言とその活用

韓国語の用言には動詞、形容詞など、四つの種類があり、これらは語幹にさまざまな語尾を付けて活用します。まずは韓国語の用言の種類と、活用をする上で重要な語幹について見てみましょう。

四つの用言

韓国語の用言は動詞・形容詞・存在詞・指定詞の四つに分けられます。動詞は日本語の動詞に当たるものとほぼ同じで、形容詞は日本語の形容詞・形容動詞に当たるものだと考えて問題ありません。指定詞は**이다**（〜である）、**아니다**（〜でない）の2語で、存在詞は**있다**（ある、いる）、**없다**（ない、いない）の2語です。

1.動詞　　主に物事の動作や作用、状態を表す。

가다 行く　　**입다** 着る

2.形容詞　主に物事の性質や状態、心情を表す。

싸다 安い　　**적다** 少ない

3.指定詞　名詞などの後ろに用いて「〜だ、〜である」「〜でない」を表す。

이다 〜だ、である　　**아니다** 〜でない

4.存在詞　存在の有無に関することを表す。

있다 ある、いる　　**없다** ない、いない

語幹とは何か

韓国語の用言は、語幹と語尾に分けることができます。語幹とは、用言の基本形（辞書に載っている形）から最後の**다**を取った形です。韓国語では、この語幹にさまざまな語尾を付けて意味を表します。

基本形	語幹		語尾		
가다 行く	**가**	＋	**아요**	▶	**가요** 行きます
입다 着る	**입**	＋	**어요**	▶	**입어요** 着ます

陽語幹・陰語幹

語幹には、陽語幹と陰語幹があります。語幹の最後の母音が陽母音 (ト、ト、ㅗ) であるものを陽語幹、陰母音 (ト、ト、ㅗ以外) であるものを陰語幹といいます。

陽語幹　가 (다)　높 (다)　　陰語幹　주 (다)　입 (다)

ト は陽母音　　ㅗ は陽母音　　　　　ㅜ は陰母音　　ㅣ は陰母音

語尾の三つの接続パターン

語尾が語幹に接続するパターンは、次の三つの型に分けることができます。

基本形		❶型	❷型	❸型
보다	見る	보＋고	보＋세요	보＋아요
먹다	食べる	먹＋고	먹＋으세요	먹＋어요

❶型　語幹にそのまま付けるパターン。

❷型　語幹の最後にパッチムがなければ、そのまま語尾を付け、パッチムがあれば으をプラスして語尾を付けるパターン。パッチムがㄹのときだけ、ㄹが脱落することがあります。

❸型　語幹の最後の母音が陽母音なら아をプラスして語尾を付け、陰母音なら어をプラスして語尾を付けるパターン。ただし하다や〜하다で終わる用言はハダ用言といって、別扱いで여をプラスし해となり、そこに語尾を付けます。

以上、三つの接続パターンを見てみましたが、韓国語は語尾 (や表現) の種類が何型かによって、どのパターンで接続するかが決まります。語尾や表現には、現在や過去などの時制を表すものもあれば、言葉遣いの丁寧さやぞんざいさを表すもの、理由や逆接を表すものなど、いろいろなものがあります。その中の幾つかを、接続パターン別に取り上げてみます。

❶型 **-고** 〜して

-고 싶어요 〜したいです

-지만 〜するけど・だけど

-지요 〜しますよ・ですよ

❷型 **-세요/-으세요** 〜されます・でいらっしゃいます

-러/-으러 〜しに

-니까/-으니까 〜するから・(だ) から

-면/-으면 〜すれば・なら

❸型 **-아요/-어요/-여요** 〜します・です

-아서/-어서/-여서 〜して・(な) ので

-았-/-었-/-였- 〜した・だった

-아/-어/-여 주세요 〜してください (ます)

基本的な語尾〜ヘヨ体現在

ヘヨ (해요) 体は丁寧で柔らかい印象を与える言葉遣いで、会話でよく使われます。ヘヨ (해요) 体の語尾は**-아요/-어요** [アヨ/オヨ] で、上に挙げた❸型に該当します。語幹末の母音が陽母音の場合には**-아요**、陰母音の場合には**-어요**、ハダ用言の場合には**-여요**が付きます。

가다 行く　　**가 + 아요** ▶ **가요**　　行きます
　　　　　　　陽語幹　語尾

입다 着る　　**입 + 어요** ▶ **입어요**　　着ます
　　　　　　　陰語幹　語尾

ヘヨ体は、平叙文、疑問文、命令文、勧誘文が全て同じ形で終わります。どの意味であるかは、文末のイントネーションや文脈で区別します。

한국에서 친구가 와요.	韓国から友人が来ます。(平叙文)
ハングゲソ　チングガ　ワヨ	

책을 봐요?	本を読んで (見て) いるんですか？ (疑問文)
チェグル　ポァヨ	

빨리 와요.	早く来てください。(命令文)
パルリ　ワヨ	

저하고 같이 가요.	私と一緒に行きましょう。(勧誘文)
チョハゴ　カチ　カヨ	

なお、用言が-**이다**の場合、-**이에요/-예요**になります。

여기는 명동이에요.	ここは明洞です。

이거 얼마예요?	これ、いくらですか？

基本的な語尾〜ヘヨ体過去

上に挙げた❸型の表現の中に、-**았-/-었-/-였-** (〜した) というものがあります。これは、過去形を作る接尾辞で、接尾辞は、語幹に付けた後、その後ろにさらに別の語尾を付けることができます。例えば、ヘヨ体の語尾-**아요/-어요**を後ろに付けると、次のようになります。

가다 行く	가 + 았 + 어요 ▶ 갔어요	行きました
입다 着る	입 + 었 + 어요 ▶ 입었어요	着ました

これがヘヨ体の過去形です。ヘヨ体現在の-**아요/-어요/-여요**と同じように、-**았어요/-었어요/-였어요**で終わり、平叙文、疑問文、命令文、勧誘文のいずれの意味も表すことができます。-**았-/-었-/-였-** は❸型なので、語幹の母音が陽母音の場合は -**았-** を、陰母音の場合は -**었-** を、ハダ用言の場合は /-**였-** 付けます。ただし、-**았-/-었-/-였-** の後ろに❸型の語尾を付ける場合、-**았-** も -**었-**、-**였-** も陰母音扱いとなるため、-**어**の方を付けることに注意が必要です。

縮約のルール

❸型で、語幹末にパッチムがない語幹に語尾が付く場合、語幹末の母音と語尾が縮約します。縮約は、語幹末の母音が何であるかによって、縮約の仕方が決まります。母音それぞれの縮約のルールを**-아요/-어요**（～します）を付けた形で、まとめました。

ㅏ＋아요→ㅏ요
가다 行く ▸ **가 ＋ 아요** ▸ **가요** 行きます

ㅗ＋아요→ㅘ요
오다 来る ▸ **오 ＋ 아요** ▸ **와요** 来ます

ㅜ＋어요→ㅝ요
배우다 習う ▸ **배우 ＋ 어요** ▸ **배워요** 習います

ㅡ＋어요→ㅓ요
크다 大きい ▸ **크 ＋ 어요** ▸ **커요** 大きいです

ㅣ＋어요→ㅕ요
마시다 飲む ▸ **마시 ＋ 어요** ▸ **마셔요** 飲みます

ㅐ＋어요→ㅐ요
지내다 過ごす ▸ **지내 ＋ 어요** ▸ **지내요** 過ごします

ㅚ＋어요→ㅙ요
되다 なる ▸ **되 ＋ 어요** ▸ **돼요** なります

言葉遣い

韓国語の言葉遣いの違いは、語尾に多く表れます。
ここでは、語尾に表れた言葉遣いの幾つかについて簡略にまとめました。

うちとけた丁寧形（해요＝ヘヨ体）

うちとけた丁寧形のヘヨ体は、丁寧で柔らかい印象を受ける言葉遣いで、会話でよく使われます。

かしこまった丁寧形（합니다＝ハムニダ体）

かしこまった丁寧形のハムニダ体は、公式的、断定的なニュアンスがある言葉遣いです。平叙文は-ㅂ니다/-습니다で終わり、疑問文には-ㅂ니까?/-습니까?が付きます。ニュースやビジネスなどの改まった席でよく使われ、また普段の会話でも礼儀正しい感じを出したいときに使います。

> **저는 배철수입니다.** 　　私はペ・チョルスです。
>
> **잘 부탁합니다.** 　　よろしくお願いします。

尊敬表現

目上の人と話すときは、通常尊敬の接尾辞-시-/-으시-を用いて敬意を表します。下の例では、ハムニダ体とヘヨ体の中で用いられています（ヘヨ体では-세요/-으세요になります）。

ハムニダ体／ヘヨ体

> **사장님은 신문을 읽으십니다. ／읽으세요.**
> 社長は新聞をご覧になっています。
>
> **일본에서 오십니까?／오세요?**
> 日本からいらっしゃいますか？
>
> **어서 들어오십시오.／들어오세요.**
> 早くお入りください。

パンマル (해=ヘ体)

パンマル (ヘ体) とはぞんざいな言葉遣いのこと。日本語の「タメ口」と考えると分かりやすいでしょう。パンマルは同年代や年下に対して使い、目上の人に対して使うのは禁物ですが、母や兄、姉、年の近い先輩など、ごく親しい相手であれば年上や目上の人に対しても使うことがあります。パンマルの基本形は、くだけた丁寧形のヘヨ体から**요**を取った形です。ただし、指定詞**예요/이에요** (〜です) の場合、**야/이야** (〜だ) となります。なお、本書には、パンマルの例文は含まれていません。

그래?	そう?
이제 늦었으니까 자.	もう遅いから寝な。
그것은 상식이야.	それは常識だよ。

上記の例文は、丁寧形のヘヨ体であれば、それぞれ **그래요**、**자요**、**상식이에요**となります。

下称形 (한다=ハンダ体)

韓国語には、目上の人が目下の人に、あるいは非常に親しい友人同士で使う、ぞんざいな表現、下称形 (ハンダ体) というものもあります。下称形は、もっともぞんざいな言葉遣いです。例えばパンマルは親やごく親しい先輩などに使うことができますが、目上・年上の人に下称形を使うことはできません。例えば、平叙文では-**다**、疑問文では-**냐**や-**니**で終わり、命令文では-**라**、勧誘文では-**자**で終わります (このほかのパターンも幾つかあります)。また、下称形は、日本語の「だ・である体」同様に、日記、随筆、小説など、文章でもよく使われます。なお、本書には下称形の例文は含まれていません。

생일 축하한다.	誕生日おめでとう。
지금 몇 살이니?	今何歳だい?
얼른 먹어라.	早く食べろ。

変則活用

P.241で用言の活用について見ましたが、実は韓国語には規則的に活用する用言と不規則に活用する用言があります。ここでは不規則に活用する用言について見てみましょう。

変則活用の種類

ㄹ語幹　子音のㄴ、ㅅ、ㅂが後続するとㄹパッチムが脱落するのが特徴です。ㄹと接続するとㄹが一つになります。

알다	知る	▶	**압니다**
들다	入る	▶	**드세요**

ㄷ変則　母音が後続するとㄷパッチムがㄹパッチムに変わるのが特徴です。

듣다	聞く	▶	**들어요**
걷다	歩く	▶	**걸어요**

ㅡ語幹　母音の**아**、**어**が後続すると、語幹から—が落ちて子音と後続の母音が結合するのが特徴です。**아**が付くか**어**が付くかは、語幹末の母音ではなく、後ろから二つ目の母音の陰陽によって決まります。

아프다	痛い	▶	**아파요**
크다	大きい	▶	**커요**

ㅂ変則　語幹の直後に**으**が来るとㅂパッチム+**으**が**우**に、語幹の直後に**아**、**어**が来るとㅂパッチム+**아**、**어**が**와**、**워**になるのが特徴です。なお、**와**となるのは、**곱다**（美しい）と**돕다**（助ける）のみです。

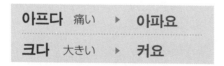

덥다	暑い	▶	**더운、더워요**

ㅅ変則 母音が後続すると**ㅅ**パッチムが脱落し、その際、**가**(**다**)+**아요**=**가요**のような縮約が起こらないのが特徴です。

낫다 治る ▶ **나아요**

짓다 建てる ▶ **지어요**

르変則 **르**変則用言は、語幹に**아**が後続したら**르**が**ㄹ라**、**어**が後続したら**르**が**ㄹ러**に変わるのが特徴です。**아**が付くか**어**が付くかは、語幹末の母音ではなく、後ろから二つ目の母音の陰陽によって決まります。

모르다 知らない ▶ **몰라요**

부르다 呼ぶ ▶ **불러요**

ㅎ変則 **ㅎ**パッチムで終わっている形容詞は、**좋다**(良い)を除いて全て**ㅎ**変則に該当します。語幹の直後に**으**が後続したら**ㅎ**パッチムと**으**が落ちます。**아**、**어**が後続したら**ㅎ**パッチムが落ち、母音の**ㅣ**が追加されます。

그렇다 そのようだ ▶ **그래요**

하얗다 白い ▶ **하얘요**

빨갛다 赤い ▶ **빨개요**

러変則 **누르다**(黄色い)、**푸르다**(青い)、**이르다**(着く)のみで、語幹に**어**が後続すると**어**が**러**に変わるのが特徴です。

이르다 至る ▶ **이르러요**

連体形

連体形とは、名詞を修飾する用言の活用形のことです。
ここでは連体形の作り方をまとめました。

連体形の作り方

공부하는 날 (勉強する日) は、「勉強する」 が 「日」 を修飾しています。日本語では 「勉強する」
は連体形でも 「勉強する」 のままですが、韓国語では、基本形**공부하다** (勉強する) の語幹
공부하に、語尾**-는**を接続して連体形にします。

一見簡単そうですが、韓国語の連体形は、用言の品詞によって使う語尾に違いがあり、現在、
過去、未来の時制によっても語尾を区別しないといけません。品詞、時制ごとに、語尾の違い
を見てみましょう。

品詞	現在	過去	未来
動詞	-는	-ㄴ/-은	
形容詞	-ㄴ/-은		-ㄹ/-을
指定詞	-ㄴ	-았던/-었던	
存在詞	-는		

※ **-ㄴ/-은** 、**-ㄹ/-을** は 「パッチムなし/パッチムあり」 によって使い分け、 **-았던/-었던** は 「陽母音
／陰母音」 によって使い分けます。

では次に、それぞれの品詞に、上の表の語尾を付けた例を見てみましょう。未来の連体形は全て同じなので、現在と過去の連体形さえきちんと区別できればいいわけです。

1.動詞

	現在	過去	未来
가다 行く	**가는**	**간**	**갈**
먹다 食べる	**먹는**	**먹은**	**먹을**

形容詞

	現在	過去	未来
기쁘다 うれしい	**기쁜**	**기뻤던**	**기쁠**
좋다 いい	**좋은**	**좋았던**	**좋을**
쌀쌀하다 涼しい	**쌀쌀한**	**쌀쌀했던**	**쌀쌀할**

指定詞

	現在	過去	未来
이다 ～だ	**인**	**이었던**	**일**
아니다 ～ではない	**아닌**	**아니었던**	**아닐**

存在詞

	現在	過去	未来
있다 いる、ある	**있는**	**있었던**	**있을**
없다 いない、ない	**없는**	**없었던**	**없을**

変則活用用言の連体形

変則活用用言（P.248参照）のうち、ㄹ語幹用言、ㅂ変則用言、ㄷ変則用言、ㅅ変則用言は、連体形を作るときにも不規則に活用します。

ㄹ語幹（動詞）　　ㄴと接続するときにㄹが脱落、ㄹと接続するときㄹが一つに。

		現在	過去	未来
팔다	売る	**파는**	**판**	**팔**

ㅂ変則（形容詞）　母音と接続するときにㅂが**우**になる。

		現在	過去	未来
맵다	辛い	**매운**	**매웠던**	**매울**

ㄷ変則（動詞）　　母音と接続するときにㄷがㄹになる。

		現在	過去	未来
듣다	聞く	**듣는**	**들은**	**들을**

ㅅ変則（動詞）　　母音と接続するときにㅅが脱落する。

		現在	過去	未来
낫다	治る	**낫는**	**나은**	**나을**

文法項目一覧 | 本書の例文で使われた助詞、語尾、表現とその意味、掲載先の番号を一覧でまとめました。ただし、多くの例文で使われている項目は掲載先を割愛しました（掲載番号が「※」印のもの）。

» 助詞

가	～が、～に（なる）、～では（ない）	※
과	～と	147/158/182/233/244
까지	～まで、～までに	41/46/141/353/358/377
께	～に	89/362
나	～でも	395
는¹	～は	※
도	～も	11/44/68/85/88/92/142/215/243/272/290/344/368/390
로	～で、～に	108/144/186/250/254/308/339/365/373/376/400/433
를	～を	※
만	～だけ	33/35/198/260
밖에	～しか	176/280
보다	～より	79/306
부터	～から	53/66/120/140/252
서	～で、～から〈에서の縮約形〉	8/53/125/370
에	～に・で	※
에게	～に	6/96/434
에서	～で、～から	※
와	☞～과を参照	98/183/313/319/335
요	～です〈丁寧化の助詞〉	334
으로	☞～로を参照	20/193/267/369/411/415/419/428
은	☞～는を参照	※
을	☞～를を参照	※
의	～の	315
이나	～も〈数量の強調〉	42
처럼	～のように	158/235
하고	～と	12/148/191
한테	～に	291

》語尾・表現

–게	～く、～に、～するように〈用言の副詞形〉	208/353/437
–겠–	～します〈考えを婉曲に述べる〉	333
–고	～して	194/195/203/271/272/284/294/295/297/310/368/374/378/382/400/422
–고 싶어요	～したいです	97/115/248/332/362
–고 있어요	～しています	95/98/283/286/293
–ㄴ¹	～した…〈動詞の過去連体形〉	188/365
–ㄴ²	～（な）…〈形容詞の現在連体形〉	164/165/271/407
–ㄴ가요	～でしょうか	282
–ㄴ 것 같아요	～したようです	381
–나요	～しますか・ですか	312
–네요	～しますね・ですね	234/319/368/436/446
–는2	～する…〈動詞の現在連体形〉	240/253/389/392/432/448
–는데	～するけど	404
–니까	～するから・（だ）から	415
–ㄹ	～する・（な）…〈未来連体形〉	289/425
–ㄹ게요	～します〈意志・約束〉	277/285/302
–ㄹ까요	～しましょうか・でしょうか〈相手の意向を尋ねる／提案／推測〉	139/168/189/397/413
–ㄹ래요	～しませんか〈勧誘〉	229
–ㄹ 수 없어요	～できません	373
–ㄹ 수 있어요	～できます	438
–라고 해요	～しろと言います	383
–러	～しに	72/152/178/396
–려고요	～しようと	369
–면	～すると、～すれば、～なら	103/205/230
–ㅂ니다	～します・です	13/210/213
–시–	～なさる・でいらっしゃる	※
–시죠	～しましょう	178/336
–아도	～しても・でも	423
–아도 될까요	～してもいいでしょうか	413
–아 보여요	～く見えます	340
–아 봤어요	～してみました、～したことがあります〈経験〉	47/242

257

書いて覚える
韓国語単語
入門編

2023年12月1日　初版発行

著　者　hana編集部

編集協力　辻仁志、鷲澤仁志、金ヘギョン
校　正　李善美、岡田英夫
デザイン　木下浩一（アングラウン）
ＤＴＰ　株式会社秀文社、木下浩一（アングラウン）
ナレーション　林周禧、定本正志

印刷・製本　中央精版印刷株式会社

発行人　裵正烈

発　行　株式会社HANA
〒102-0072 東京都千代田区飯田橋4-9-1
TEL：03-6909-9380　FAX：03-6909-9388
E-mail：info@hanapress.jp

発　売　株式会社インプレス
〒101-0051 東京都千代田区神田神保町一丁目105番地

ISBN978-4-295-40912-0 C0087　©HANA 2023　Printed in Japan

●本の内容に関するお問い合わせ先
hana編集部　TEL: 03-6909-9380　FAX: 03-6909-9388

●乱丁本・落丁本の取り替えに関するお問い合わせ先
インプレス カスタマーセンター　FAX: 03-6837-5023
E-mail: service@impress.co.jp
※古書店で購入されたものについてはお取り替えできません。